U0620714

坦 言

与格奥尔格·梅克谈勇气、权力和未来

Klare Worte:
Im Gespräch mit Georg Meck über Mut,
Macht und unsere Zukunft

[德] 格哈德·施罗德 / 著
（Gerhard Schröder）

王建政 / 译

社会科学文献出版社
SOCIAL SCIENCES ACADEMIC PRESS (CHINA)

Gerhard Schröder, Klare Worte. Im Gespräch mit Georg Meck über Mut, Macht und unsere Zukunft© 2014² Verlag Herder GmbH, Freiburg im Breisgau

本书根据德国 Verlag Herder GmbH 出版公司 2014 年版译出

译者的话

格哈德·施罗德于 1998 年至 2005 年担任德国联邦总理。德国现任总统施泰因迈尔和外交部部长加布里尔均由施罗德一手提拔。无论 2017 年 9 月 24 日的德国议会大选结果如何，施罗德对德国政府和德国政坛的影响力都不容小觑。

施罗德对华一向友好。施罗德总理在任 7 年时间内，不仅曾 6 次正式访问中国，而且从未在任何公开场合批评过中国政府和中国政策，对华友好程度在德国历任总理和总统当中首屈一指。施罗德卸任总理 12 年来，曾经 19 次访问中国，为中德两国在政治、经济、文化等各领域的交流与合作做出积极的贡献。

在施罗德 1998 年 9 月 28 日当选总理的那天，我与苏程、郭爱玲合作撰写了《德国新总理施罗德》一书，因此与施罗德结缘。在我 1998 年 12 月到波恩担任副武官后，施罗德总理曾经亲笔写信向我致谢并表示祝贺。2009 年 8 月我到柏林担任国防武官后，这位前总理亲自从汉诺威前往柏林会见我，与我亲切叙旧。2017 年 2 月施罗德应中德生态园的邀请访问青岛时，我全程陪同 4 天，并获得他签名赠送的《坦言》一书。施罗德欣然答应由我翻译该书，并促成中文版的问世。

《坦言》是施罗德 2014 年的新作。该书全称为《坦言——与格奥尔格·梅克谈勇气、权力和未来》，是施罗德与德国主流媒体《法兰克福汇报》著名记者梅克的访谈录。施罗德在该书前言中写明了出版此书的初衷："在我结束总理任期之后，联邦议院已经送走了两届立法议会——这一段时间已经足够长，从而能够与时局保持距离，对局势的发展能够做出更加明确的评判。因此，当曼努埃尔·赫德出版社希望我以 70 周岁生日为契机发表一本访谈录时，我认为这是一件合乎时宜的事，可以对已经发生的事件加以梳理，对时局加以评述，对未来加以展望。"

《坦言》一书共十二章，约 15 万字。施罗德在该书中用很大篇幅叙述了对联合国五大常任理事国的看法。其中，以专门的章节阐述了对中国和俄罗斯的看法，表达了明显的好感；在叙述欧洲问题时，对法国多加褒奖，对英国则颇有保留；在评述国际问题时，多次对美国的政策表露出不满。施罗德还在书中对德国的内政、外交和政党政治进行了评述，并对其本人的生活经历、政治理念、业余爱好、下海经商等话题做了坦诚的描述。

为配合 2017 年 9 月 24 日的德国联邦大选，我在 60 天内突击完成此书的翻译工作。在此过程中，我得到了中国国际战略学会执行秘书长祝捷和学术部主任虞爽的大力支持。有关语言文字方面的难点，得到了近期访华的德国内政部前国务秘书汉宁博士（Dr. August Hanning）的指点和诠释。付梓之际，一并致谢。

中国国际战略学会高级顾问　王建政

2017 年 7 月 1 日于北京

目 录

1

格哈德·施罗德的前言

在我结束总理任期之后，联邦议院已经送走了两届立法议会——这一段时间已经足够长，从而能够与时局保持距离，对局势的发展能够做出更加明确的评判。因此，当曼努埃尔·赫德出版社希望我以70周岁生日为契机推出一本访谈录时，我认为这是一件合乎时宜的事，可以对已经发生的事件加以梳理，对时局加以评述，对未来加以展望。

格奥尔格·梅克属于年轻一代的记者，他与柏林的政治运作保持着一个较大的距离，这一点对我来说很重要。由此，也打开了从另一个角度观察许多问题的可能性。

未来几年，德国将面临困难的抉择，需要有一个勇敢的政策。过去几年，已经失去了很多机遇。德国需要坚决转轨，需要与时俱进地续写改革日程，从而使得这个欧洲最大的国民经济体，即使在全球化变革和欧洲危机中，依然具有未来竞争能力，依然能够确保就业岗位。

欧盟也必须走上政治和经济的崭新道路，从而使得我们的欧洲大陆能够在21世纪的美中两大强国之间扮演一个举足轻重的角色。如果不能成功，欧洲的声音将渐渐消失，德国在世界上的影响力也将随之下降。

我国在欧洲肩负着一项特殊的任务。德国已经比战后任何时候都更加强盛。但是，这一现状不应导致我们的政策仅仅局限于以舒适的方式分配福利，而把不舒适的决策推诿给未来几代人。我们的国家若想有一个良好的未来，需要进行改革，需要制定一项能够展现勇于担责的政策。

我国稳定的经济和政治形势，在一定程度上源自2010改革日程，同时也带来了对欧洲承担的巨大责任——我们必须正视这一责任。这不仅关乎货币联盟，而且关乎重大的社会问题：面对一个老龄化的社会，如何保持一种公正的、可负担的社会制度？如何能够达成一项人道的、以一体化为导向的移民政策？如何能够保障出生于受歧视家庭的儿童能够提升社会地位？如何制定一项具有社会公益性质的、可持续的能源政策？

我坚信：只有通过民主争论产生的最佳方案，才能推动真正的变革。为此，必须公开议论、相互辩驳和真诚坦言。我对政治的理解一向如此。本书旨在为上述必要的公开讨论聊做贡献。

格奥尔格·梅克的前言

格哈德·施罗德当选联邦总理的那一天，我将终生难忘：1998 年 9 月 28 日改变了我的议程。经过通宵加班之后——编辑部硬挺着编发了一期关于红绿联盟竞选胜利的特刊——我第一次吻了我的女同事，她今天已经成为我的太太：新的爱情遭遇新的中坚力量。

施罗德搬进总理府的同时，我从慕尼黑迁往布鲁塞尔。作为欧盟记者，此后我将从一个峰会转向另一个峰会，追随红绿联盟政府第一位总理的足迹。在某些欧洲人看来，这位总理表现的自信令人困惑：他任职期间的题目是欧元、东扩和欧洲宪法。当我们为了本书而相聚时，这些话题把我们联结在了一起。围绕的主线应当是德国在世界上的地位、21 世纪的政治，以及一位国务政治家的生活和工作。他希望重新被称为"施罗德先生"，而不是"总理先生"甚或"老总理"。他的谈话从来没有这样激情四射；格哈德·施罗德历来才思敏捷、慷慨激昂，有时甚至喜欢论战，如今，在告别政坛之后，就更少有顾忌了。

这一位施罗德先生，如今已是退役总理，他在新生活

1

中也会为儿子准备课间点心，定时为家庭采买。采购单上写着"意大利鲜奶酪、苹果、猫粮"，最下端还有一句"多买巧克力布丁"——这是女儿追加的叮嘱。在放假期间，女儿也会到爸爸的办公室为他端来小香肠和土豆汤。

为了本书这个项目，我们在汉诺威的施罗德府邸约见了数十次。还有几次是在 2013 年，社民党在这一年竞选失败，而全世界都在庆祝"2010 议程十周年"，但是那位"拯救了德国经济的人"（《华尔街日报》语）却无声无息。

作为本书的道具，我准备了一个录音器，足够多的咖啡，间或一支高希霸雪茄（Cohiba），别的就不需要了。敞开的壁炉旁有一堵墙，作为布景，上面挂满了德意志联邦共和国所有总理的半身照片，再旁边是一尊——比例超大的——俾斯麦画像。缺了一个人：施罗德的后任安吉拉·默克尔。她必须再等等，等到她失去总理职位。总理嘟囔了一句："如果她不再当总理了，这里还有位置。"

社民党怎样才能成功地不再沦为大联合政府的儿子党？这个党究竟怎样才能重新占领总理府？他没有现成的配方，但是有一些主意："敲着鼓，别害怕！"（海因里希·海涅语）

第一章
2010 议程和政策优先权

施罗德先生，在历任社民党籍总理当中，赫尔穆特·施密特以效率高、专家型著称，威利·勃兰特以东方政策和"敢于增加民主"而闻名。您的时代留下的核心是什么呢？

我想留待他人来评判。专业的观察家理应给予如下褒奖：首先，我们把统一后的、也就是重新获得完全主权的国家，以恰如其分的自信心，带到世界政治的舞台上。其次，我们克服巨大障碍贯彻了 2010 议程，从而为 2008/2009 年比欧洲其他国家更好地挺过经济危机奠定了基础。这两项业绩肯定会在日后的评判中占据重要位置。此外，红绿联盟改变了国家的内政。

举例说明？

例如在有关移民问题的争论中。如今，即使基民盟也在谈论外来移民的必要性。当初为了这一切必须经过艰苦的斗争。当年，根本就不能说德国是一个移民国家，尽管我们已经拥有数百万外来移民了。无论过去还是今天，我们都处在一个客观上需要外来移民的环境中。我们必须向他们征税，必须为他们制定标准，这都毋庸赘言。我们不仅要接纳经济难民，也应关怀那些经济和科学领域的精英人才。我们当初引进过绿卡制度，从而使国家获取急需的计算机专家。一下子接纳了几乎 20000 人。我们的倡议，被基民盟在北威州的竞选斗争中加以利用，喊出了"要孩子，不要印度人"的口号。联盟党如今也展示了一体化政党的形象，体现出引人注目的态度转变。这一举动至少与其在核政策上的 180 度单足旋转①一样令人目眩。

那么您认为什么才是一体化政策合乎时宜的任务呢？

首先一点：德国需要外来移民。因为我们面临人口统计数据的问题，只有借助于外来移民才能解决。但是，越来越多的人离开我们的国家，包括那些高素质的土耳其裔德国人，因为他们在土耳其拥有更好的前景。而德国同样急需这些人才。目前我们这里还呈现移民过剩，即留下的人超过离开的人。但是很快就不够啦！科学家们已经计算过，我们每年需要大约 40 万外来移民，才能保持我们的经

---

① Pirouette，意为芭蕾舞中单脚着地旋转。——译注

济实力和生活水平。应该怎么办？第一：我们应当设法创造一个适当的氛围，使那些外来移民感受到自己是受欢迎的。我们必须声明：我们是一个移民国家。我们不仅需要外来移民，我们也愿意让他们融入我们。我们还要设法让他们留下来，让他们不再回去或者继续移民到其他国家去。如今在德国生活着 700 多万持外国护照者，1600 多万人拥有移民背景，占全国人口的五分之一。因此，我们理应好客。第二，我们需要双重国籍，从而不强迫任何人放弃他的某一种自我认同。社民党早就提出了这一要求，但迄今为止一直遭到基民盟和基社盟的反对。如今已经迫在眉睫，必须立即引进双重国籍。

大联合政府已经迈出了第一步：至少在这里出生的孩子毫无疑问可以拥有双重国籍。这主要涉及土耳其人，但也包括波斯尼亚人、塞尔维亚人、俄罗斯人和阿富汗人。**您满意吗？**

取消国籍选择义务，乃是引进双重国籍的重要一步——但这只是一个过渡步骤。最终层级应当是：完全接受双重国籍。新的大联合政府未能善始善终，令人遗憾。但是，更不应该走向反面——尤其是基社盟——苛求立即迈出第二步。必须下定决心。必然会下这个决心——既是基于政治原因，也是基于经济原因。

对外国移民太多的危险提出警告，声调最高的恰恰是

3

两名社会民主党名人：蒂洛·萨拉辛①和柏林新克尔恩区区长海因茨·布施科夫斯基。

这些都是过去的立场，其观点与本党内和社会上展开的现实讨论毫无关系。社民党历来是一个坚信国籍平等和公正的政党。"萨拉辛讨论"对我党造成了极大的伤害。越来越多的移民在问：他为什么这么说？社民党可是我们的党啊！因此，西格玛尔·加布里尔任命厄茨奥马茨女士②为负责移民工作的国务部长是聪明之举——一件前所未有的新鲜事：联邦内阁当中首次有人拥有移民背景。对于社民党来说，厄茨奥马茨女士的任命是王车易位的重要棋着。她很能干，她的工作对社民党具有特殊意义，因为至今一直有一个现象：在拥有投票权的土耳其裔选民中，大多数人把票投给社民党。

让我们再回到议程这个话题：德国得以重新强大，并且能够奇迹般克服经济危机，您认为议程的成就有多大？

并非全是 2010 议程的功劳。与其他国家相比，我们在

---

① Thilo Sarrazin，德国国民经济学家，前社民党政治家，2002～2009 年曾任柏林市负责财政工作的市政委员，后任德意志银行董事。他提出的财政、社会和人口政策曾经引发各种社会讨论。——译注

② Aydan Özoguz，1967 年 5 月 13 日出生于汉堡的土耳其裔德国政治家，2009 年当选联邦议院议员，2011 年 12 月担任社民党六名副主席之一，2013 年 6 月担任社民党移民工作委员会首任联邦主席，2013 年 12 月出任联邦总理府国务部长兼联邦政府移民、难民和一体化事务专员。——译注

三个方面做得更好：第一，我们有一个颇具竞争力的工业结构，它经得起审视，在世界上独树一帜。法国和英国的工业占经济成就的比重略高于 10%，而我们的比重几乎达到 25%。第二，我们有一个便于进行工作条件谈判的优越体制，企业主与工会的社会伙伴关系即使在危机时期也能够卓有效率。我对工会在 2008 年金融和经济危机期间的表现以及之后的让步充满敬意，他们说：好吧，我们认可工资标准暂时降低，之后我们再要求我们的份额。第三是我们的体制改革。

有一点一直想澄清一下：据说此次改革的标签和命名来自您的夫人，是这样吗？

是的。当时，我拿着讲话稿回家，让太太帮着看一看，主要是做文字润色。她的第一反应就是关注演讲的题目。她说：你要有一个概念，即标题必须醒目。接着，她就提出了《2010 议程》（Agenda 2010）的主意。我个人认为这个提议太抽象、太冷漠、技术官僚味道太重。但是，我太太说服了我，她的意见有道理。这个题目很快就在德国，甚至在国际上成为知名商标。全世界都在跟我谈论《2010 议程》，包括在巴黎、首尔、北京和华盛顿。现在人们又在谈论 2020 或 2030 议程。这就是说，这个题目是一个幸运手杖，它远远地走出了总理府。

在我们谈论 2020 议程之前，请您叙述一下 2010 议程的起因。为什么您偏偏在 2003 年的春天着手搞社会改革？

关于改革的争论由来已久。当年，我们的失业率不断攀升，全世界都在谈论改革迟滞，称德国是"欧洲病夫"。我们联邦政府试图与"就业联盟"的社会伙伴达成共识，共同推动各项改革决议。结果企业家和工会主席们都做了些什么呢？他们定期来到总理府，向政府提出各自的要求——相互对立的要求——期待政府满足他们的不同愿望。他们把这理解为联盟。没有一方愿意放弃，大家都想借助政府贯彻各自的利益。我们对此观望了三年多。于是，在他们仍然继续实施阻挠时，我们说：现在结束了！现在我们要自己干！这就是议程的诞生时刻。

您引进《哈茨改革方案》（Hartz Ⅳ）作为社会救助替代政策时，彻底改变了这个福利国家，导致劳动力市场的自由化。为此，您至今仍然受到国际赞扬和尊敬。但是，此举在国内却始终被说成是"修补"。

如此轻蔑地使用"修补"这个词，令我十分恼火，因为这种说法的实质是反民主的：必须允许政治家改正错误。更应该担忧的是一个强调自身从不犯错误的政府。我一再说：2010 议程不是十诫，我不是摩西。不妨设想一下，设计 2010 议程这样复杂的改革大作，如同白手起家，难以想象这个世界将如何发展。当你发现方案与现实发生冲突时，必须再次调整。必须允许方案得到改变，而不必去听那些闲言碎语："这些人干事没一点章法！"修补的含义包括对可能犯错误的认知。好的政策表现在出现计划内或预料外效应时能够做出恰如其分的反应。在我们这样高度发达且高强度的社会中，一项错综复杂的改革规划可能是一个缓慢的、有时可能是持久的过程。

从您的视角看，哪些是议程的意外后果？哪些地方应当予以纠正？

举一个消极的例子：租用劳务的方案可能被滥用或者利用。如果在某些领域支付了倾销性质的工资，那么通过最低工资标准予以应对就是理智的，实际上是保护了改革进程。又如，一旦发现改革对单亲母亲产生消极影响时，就必须修改方案使之具有抚养能力，并且将修改方案纳入议程文本。

几乎所有政党如今都已赞成最低工资规定了：作为最后一个、至少是半心半意的反对者，自民党在议会里已经没有代表了。联盟党和社民党已经做出了大面积覆盖最低工资的法律决定——毫不顾忌可能带来有害的负效应。

这个战役已经打过了！在辩论中早就已经忽略了一

点，即欧洲几乎所有国家都已经制定了最低工资标准，而我们却还没有认真对待企业家和新自由主义派所一再警告的现象：最低工资不是消灭就业岗位的规划，而是事关公正问题，也就是政治社会体制的合法性，避免人们接受倾销工资。以法律形式规定最低小时工资 8.5 欧元是一种尝试，使得人们靠自己的双手和头脑能够生存，使得国家不必被迫在微薄的工资基础上增加支出予以平衡。如果那些辛苦劳动的人——例如在餐馆或肉食加工厂——每小时的工资只有 4～5 欧元，因而无法生活，那就不仅是不公平、不人道，而且会使民主成为问题。没有人愿意看到这种状况，因此这一议程作为改革工程将是一个持续不断的进程。

恰恰是社民党内有人试图全面阻止改革的车轮，您在他们面前有所让步？

不，完全相反。议程为德国带来了起色。尤其是我们证明了德国具有改革的能力。并非所有体制都已经僵化到无法改革了。这也是议程的一个成就。与改革展示的个别效应相比，至少同样重要的是背后呈现的国人形象。要点是那个被我们称为"要求和促进"的哲学。"促进"是指人才培训，是指终身学习，同时也是指国家机构在个别人没有能力自食其力时愿意提供援助。当然，改革的基础原则仍旧不容侵犯：对那些过于年轻的、过于年长的、伤病的或失业的穷人，国家提供有利于其自主生活的援助。对这些人也要提出"要求"，这种要求将随着改革的深入不断增强：每一个人在期待集体给予援助时，首先必须从事力所能及的劳动。我坚定地认为，这关系到人的尊严。如果给人以一种信号：不管你是否已经发掘了个人的努力，国家都会照顾你——这种做法无视尊严，带有监护性质。众所周知，这样做会走向歧途。在我看来，"要求和促进"历来是社会民主党人的思想财富。

对莎拉·瓦根克内希特①那样的人来说，包括你们社民党的左翼，都认为您的议程把社会民主党人的理想引向了新自由主义的歧途。他们宣传的观点是：在这么富有的一个国家里，必须通过财产再分配，才能达到人人富足的目的。

那不过是喊喊口号而已。我认为他们对议程的批评完全过了头。错误必须纠正，但原则是正确的，必须坚持。这并非意味着我们未来面临的挑战就少了。您只需想一想人口统计数字的变化，对拥有移民背景者进行培训，基础设施领域所需要的投资，健康领域的改革需求，成本与绩效比例的日渐失调。

---

① Sahra Wagenknecht，1969 年出生于东德的女政治家，经济学博士，左翼党内的左翼代表人物。曾任民社党共产主义平台负责人。2010 年起当选左翼党副主席，2011 年起担任左翼党议会党团第一副主席，2015 年当选议会党团双主席之一。——译注

医生们报告说，我们这里也极其秘密地实行定量配给。院方会仔细考虑，对哪一些病人应当投入多少时间和经费——这从伦理学观点看是有问题的。应当怎样改变现状？

这是不可接受的。也许医院需要做的手术太多，这一点我无法判断。但是医生们居然说：你已经太老了，不值得安装一个新的髋关节了——这种讨论根本就不应该发生。这在伦理上站不住脚。因为，我们的社会究竟把界限设在哪里？更重要的是，谁有资格设限？如果一个医生说：这是医学上的规定，医疗保险机构总不能说："你已经太老了，还是请你忍受疼痛、行动受点局限吧。"这是不能被接受的。

我们未来必须工作多少年？无论如此要干到 67 岁？或许更长？

至少干到 67 岁，很可能更长。从更长远的角度看，我们理应展开进一步延长退休年龄的讨论，而不是把退休年龄再度降下来。67 岁退休的政策是我们起草的，由时任劳工部长弗兰茨·明特费林于 2008 年开始实施。我迄今仍然认为这个规定是明智的。人口结构的发展已经成为我们的主要问题。就业者群体越来越小，他们需要承担的退休一族越来越庞大。1960 年时，几乎是 6 个就业者负担 1 个退休者。目前这个比例已经成为 3∶1。预计 2030 年将成为 2 个就业者负担 1 个退休者。届时，我们的退休保险机构就会严重缺乏资金。我们应当看到：退休金改革已经取得成效。最新的研究证明，年龄较大的就业者人数正在显著增加。这个现象当然与劳动力需求有关。在劳动力缺乏，尤其是专业人员紧缺现象日益明显的情况下，就会重新提出一个问题，即那些能够并且愿意继续就业的年龄较长者的就业问题。应当根据职业和负担加以区别对待，这是理所当然的。事实上也会这样做。

如果您说今天有更多年长者在就业，就会产生两方面的含义：第一，他们愿意继续就业，存在着这样的需求。第二个原因不怎么好听：老年贫穷问题逐渐突出，老年人在困境中被迫延长劳动年限。您认为老年人继续工作的兴趣究竟有多大？

必须区别看待。由于职业生活的不同而产生差别。如果一个人在建筑工地劳动了 40 年、45 年，他的身体就比那些坐在律师办公室或政府机构里工作的人垮得早。我相信，总体而言会有更多的年龄较长者继续工作。首先是因为这些人愿意继续工作。其次对高素质老年就业者有着客观需求，可以比较经济的成本从而利用他们的能力和职业经验。如果一个高素质的工人师傅超过 65 岁或 67 岁的年龄，但他还是愿意并且能够继续工作，为什么不能允许呢？

埃德蒙德·施托伊伯声称他是议程的真正发明者，您怎么看？这位基社盟政治家在 2002 年大选中以微弱劣势败给了您，如今他要争取名誉，认为是他把您推向议程的：因为当年他把您逼到了尴尬的境地，您除了改革以外别无选择。他是这样论证的。

啊哈，知道吗，我们现在的关系十分明朗，我对埃德蒙德·施托伊伯个人十分欣赏。他的说法证明，他完全能够辩证地思维。他肯定是从什么地方学来的，也许是黑格尔，甚至是马克思。

您认为资本主义的枝蔓已经发展到什么程度了？是否有什么人说过"要么是市场，要么是政治"这句话？雅克布·奥格施泰因曾经写道：必须在民主和资本主义之间做出选择。西格玛尔·加布里尔要求实现与民主相协调的市场。

我认为，我们这样的社会找到了一个权力平衡点，从而阻止了市场对民主的主宰。举一个事例：2000 年的核能源协议，是政府与能源康采恩之间通过谈判实现的。所以我从来不认为政治因资本利益而变得缺乏行动能力了。

最终还是由康采恩来决定，其驻地设在哪里，哪些工厂应当关闭——政府在这方面的影响力非常有限。

在资本主义制度下，实际上这些问题取决于资本：例如，哪些人辞退，哪些人录用，哪些投资可以批准，哪些不行。如果政府从一开始就害怕触碰资本利益，平衡就难以维持了。政府在对话中完全可以有所推动。

对左翼势力、包括社民党内某些势力来说，您所说的"平衡"并不够，他们希望的是驯服市场……

如果以为社民党的核心成员一门心思打算绞杀经济，那就大错特错了。工人运动获得的一个古老经验是："如果经济景气，我们个人的收入也好，我们的利益就能及早实现；如果经济不景气，工会和社民党可以保护我们，但是永远也无法面面俱到。"因此，社会民主党人和工会对权力平衡的兴趣远远超过与资本的冲突，其程度远远超出人们的想象。凡是经济决策趋于国际化的时候，政治决策也必须遵从国际化。正因为如此，G20 峰会——20 个最重要的发达国家和门槛国家——于 2009 年在伦敦以及后来在费城提出了正确且重要的要求：针对高度集中的金融资本，必须贯彻政策，重新夺回决策权。遗憾的是，这个想法没有实现。

责任在谁?

首要原因在于华盛顿和伦敦不愿意——担心华尔街和

伦敦金融城的股市地位。在国际层面，政治明显抵挡不住金融资本。

而那些银行家却抱怨说，他们被政府轧压得多么厉害！

幸好金融业的大树也不能疯长到天上去。让那些银行家们叫喊去吧。政府的强硬反应源自民众的压力，他们对当今经济形式抱有消极的态度。于是，欧盟委员会发声了：我们现在要关注一下补贴制度（Bonussystem），我们要关注如何引进分离银行制度（Trennbanksystem）的问题。只需回顾一下：当保罗·沃尔克①发表那些讲话后，就连美国人也提出了激烈的批评……

前中央银行行长和奥巴马顾问的保罗·沃尔克曾经以某种暴怒方式批评那些银行家说，自动取款机是他们最后一项有意义的创新行为，并要求摧毁那些大银行……

……这是个好主意！这也表明，那种以为资本自身就可以决定一切的想法是错误的，不仅受到知名政治家的反

---

① Paul Adolph Volcker（1927年9月5日~），美国著名经济学家，曾任尼克松政府的财政部副部长、卡特和里根政府的美国联邦储备委员会主席、奥巴马总统的经济复苏顾问委员会主席，并任中国政府与联合国等国际机构联合发起的国际金融论坛的共同主席之一。他是美国放弃金本位制和实行1973年、1975年美元贬值的主要设计师。——译注

驳，而且受到马路群众的抵制。

示威占领运动曾经活跃过一个时期，如今这种抗议方式已经相当消停了。

您真的这样认为？示威活动可以创造觉悟，随时可能再度爆发。此类草根运动很有意义，可以促使政府逐渐地重新赢得地盘。

政府刚刚向银行业注入了上百亿救助资金。

也许给予金融界太多信任了。凡是从事实业生产的人，处理事务的方法就不一样，因为他们知道：如果商品卖不掉，商店就会关门。因此，在建立银行联盟的过程中急需建立一种银行清算制度。要让银行知道，它们的冒险经营可能导致本企业的毁灭，严重情况下甚至导致国民经济的垮台，进而导致整个国家和社会的毁灭。"大到不能倒"（Too big to fail）不能总是讨论的最终结论。

重要的金融界人士对政府谋求权力的要求做出了激烈反应：例如，法兰克福的一位著名银行家说，当年的金融危机是紧急情况，政府有必要发挥外科医生的作用，但是现在应当撤退了，而不应随意下刀做整容手术。

他们真的这样说？

千真万确。

那就距离我的胃口太远了——在发生了那么多事件之后，在银行界发生了那么严重的错误行为之后！如果一个行业必须对此类金融塌陷事故承担责任，我劝他们最好谦虚一些。这可不仅仅是美容手术问题，而且应该根本性地变革。政府有权利甚至有义务进行干预。

经济学家喜欢卖弄"经济人"的概念，您对这种假定经济人的形象怎么看？他们追求利益的最大化，着眼于自身利益，对社会援助出手吝啬。您的体验符合社会现实吗？

不。如果以为只有贪婪的人，那就错了。看一看那些名誉职位者：所有那些足球小俱乐部的训练领队，义务消防队员，照顾那些需要救助的老年人的义工。社会共处的观点是现实的。

您没有看到吗？人们常常抱怨，如今整个社会只围绕着金钱在运转。

仍然存在着经济至上的趋势。但是，也有反对这种趋势的运动。例如投身于环保组织和第三世界组织的年轻人，还有那些在宗教日活动中参与讨论的年轻人。正是在教堂里，有着很多积极投身的年轻人。

所谓经济控制一切的说法不过是一种幻觉？

有几分夸张。关于这种题目可以写出洋洋洒洒的图书来。但是它与我个人身边的现实生活并无多大关系。整个社会并没有完全经济至上，恰恰相反。在发达的工业社会中，人们拥有了一定程度的自由，也拥有自由的时间，早先几代人对这一切只能梦想。至于是否所有人都能够有意义地把握手中的自由和时间，则是另外一码事。但不能简单地说是经济控制了一切。

尽管如此，我感觉到的氛围却是另一个样子：美国哲学家麦克尔·桑德尔在他的一本畅销书里抱怨道，市场已经渗透进社会的所有领域……

……我担心的倒是另一种发展趋势。现在听上去似乎有些保守，但是我确实忧虑某些社会法则，包括司法法则已经不再得到遵守。例如我所见到的那些"战斗性自行车手"和毫无顾忌的养狗人，实在是令我气愤。他们显然缺乏对他人自由的尊重，尤其是面对那些社会最弱小的群体，也就是儿童时。

第二章
欧洲与欧元

施罗德先生，让我们谈一谈欧洲。您还记得以联邦总理身份参加的第一次欧盟峰会吗？

第一次峰会是 1998 年 12 月在维也纳召开的欧盟理事会。会上受到其他各国国家元首和政府首脑的友好欢迎，当然大家起初都在期待，究竟会发生什么事。紧接着，德国于 1999 年上半年轮值欧盟理事会主席国，此外还担任了世界领先经济大国集团（G8）主席国。在第一次峰会之前，我与法国总统雅克·希拉克在波恩彼得贝格山上会晤。我理所应当地称呼他"总统先生"，他看了我一眼，说："格哈德，我想对你说的是，我们在这个级别上应该互相以'你'相称，所以互称前名。"于是，我们从此就互称前名了。

在您担任总理之前，您称欧元是"病态的早产儿"——您认为您的说法后来得到验证了吗？国民经济实力不同的国家成立一个统一的货币联盟，其产生的问题至今还没有解决。

这句话当时是对《图片报》说的，指的是货币联盟所存在的根本性结构错误。当时有一个所谓的加冕理论，就是说，一个共同的货币意味着给欧洲一体化举行了加冕仪式。首先是政治联盟，之后是欧元。今天已经证明，那样的典范才是正确的：我们能够在共同的货币区域内通过欧洲中央银行协调货币政策，却没有能力协调金融和经济政策。而后者是展示欧元强项的前提条件。

公正地说，创造欧元原本有两种不同的设想：一种来自法国总统弗朗索瓦·密特朗，另一种来自德国总理赫尔穆特·科尔。密特朗是一个很聪明的人，他的想法是通过一种共同的货币来绑定德国国民经济的强势，从而限制重新统一后德国的政治力量，并且可以某种形式予以监督。德国的重新统一唤醒了他的担忧，担心德国或早或晚会在欧洲居于主导地位，从而也对法国构成优势地位——因此产生了"更多欧洲"的想法。这个设想是正确的；作为激情澎湃的欧洲人，科尔对此并无异议。法国人想遏制德国再度坐大的愿望，并没有激怒科尔。因为，科尔早就有了一个观点，即德国在一个完全一体化的欧洲当中更能提升自身地位。从出口外向型的德国经济的无限制发展角度看，几乎没有比统一货币更理想的框架条件了。正因为如此，科尔的潜意识里也有加冕理论、也赞成欧元的设想：于是我们先迈第二步，再走第一步；统一货币将倒逼政治联盟。

撇开德国民众是否真的欢迎这个问题不谈，政治联盟直至今日还没有圆满实现。

说得对。科尔没有做到。我也没有做到。直至今日仍然没人能够做到。我在任期内曾经试图制定欧洲宪法，但是这个项目失败了。在铁幕降落之后，涉及欧洲前景的另一个问题开始占据主要位置：我们如何才能抓住唯一的机会将当年的东欧集团各国纳入欧盟一体化？关于这个问题的讨论，一直到 2004 年均占据了主导地位。当时也不得不这样做，因为如果不抓住东扩机遇最终克服欧洲分裂，将犯下可怕的历史性错误。不过，欧盟的扩大影响了欧盟的深化。我记得很清楚，当年仅仅为了把波兰拉进欧盟，我们就耗费了多少政治资源和巨额的财政资源啊。波兰总理莱舍克·米勒当时对我说："只有给我的农户们提供一些好处，我才可能在全民公决时顺利过关。你们德国是唯一一个能够在政治和财政上帮助我们的国家。"

您给钱了吗？

是的，我们给了。如果波兰加入欧盟因为缺乏德国的支持而失败，那将是不可思议的——只需想一想我们两国之间反复无常的历史就明白了。这是不行的。有意思的是：被视为货币危机的欧洲危机，实际上是一个政治危机，如今要求的是实现当年科尔脑海里追求的目标——政治联盟，进而协调财政和经济政策。这也是 1985～1995 年的欧盟委员会主席雅克·德洛尔早就在追求的目标。值得关注的是，这一努力迄今一直在德国保守派和自由派面前处于搁浅状态。在他们看来，一个经济政府就是魔鬼；然而，法国人却坚定地孜孜以求。这真是历史的一个讽刺：偏偏是一直反对经济政府的那些人，现在却极力支持，为的是保持欧元的持久稳定。人们可以紧张地期待和观察，女总理及其联盟党将如何解决这一矛盾？

正因为如此，反对欧元的"德国选择党"才会崛起，差一点就进了联邦议会……

……的确如此。尽管我与这些人的观点完全不同，但是我仍然认为已经达成共识的步骤是正确的、重要的，必须在加强欧洲一体化的进程中加以实施。

对法国人来说这意味着什么？您的想法是否得到了贯彻？

法国有一切理由为他们所取得的成就感到自豪。德洛尔关于建立欧洲经济政府的要求，如今已经成为共同的精神财富，并且在布鲁塞尔议程中占有重要位置。这一点肯定给了法国巨大的自信和急切实施必要的经济政策改革的力量。法国人在欧洲层面的胜利，使得他们内心增强了在劳务市场和退休金制度方面坚定实施体制改革的责任感。而德国则因 2010 议程早就完成了必要的调整适应，如今要求紧跟欧洲政策步伐，为适应欧洲进一步一体化而放弃部分主权。这是德国面临的任务。以前我们已经一再强调：未来只有欧洲的德国，而没有德国的欧洲。我们必须坚定地走这条路。

德国早就担心建立经济政府了，担心原本仅仅负有稳定货币价值义务的中央银行，会失去其独立性。如今，这种现象已经或多或少地发生了：欧洲中央银行在欧洲债务危机中进行了强烈干预。

我在相关媒体上常常见到此类报道。对此我只能说：事实完全不是这样。欧洲央行的主权确实与联邦银行的主权一样少得可怜。

真的？其独立性得不到法律保障？

无论过去还是现在，独立性还是有的。但是在政府为一方、联邦银行为另一方之间，始终存在着讨论。历任联邦银行行长或副行长，在开会商议预算时总是参与内阁会议。此外，联邦银行行长并非秘密投票选出来的，而是由联邦政府提出任命建议。最终决定当然是根据其专业素质，但无论怎样尊重联邦银行的独立性，毕竟还是有政治考量的。

您令我们的幻想破灭了……联邦银行的独立性看上去是那样的不容侵犯，换言之，正如雅克·德洛尔讥讽的那样：德国人不相信亲爱的上帝，却信任联邦银行。

我认为，德国人还是相信上帝多过联邦银行。这样做也是对的——如果我审视一下联邦银行在欧元危机中的立场。

既然您已经暗示联邦银行并非那么独立，那么您执政时对其影响究竟有多大？联邦总理府就连利率也要规定？

不，这是不能干预的。但是，会有公开的辩论，而政治家可以参与辩论。所以，对联邦银行并非没有影响力。无论怎样尊重联邦银行的独立性，没有一个机构完全不受社会的影响，尤其是在对公众舆论有影响的圈子内。

凡是咒骂欧元"早产"的那些人，当时肯定也站在纳税人立场上，极其反对欧元拯救伞和数十亿风险。如今您的立场是什么？

我已经放弃对欧元的怀疑立场。当年的分析认为，缺乏一种协调的金融和经济政策，这一观点是正确的。为了维持欧元的长期稳定，我们需要一种协调机制。但是，如今欧元反对者把这一切看得过于简单。有人写文章认为，德国放弃欧元不会有风险。我读到此类文章时便会设想，放弃欧元将对卓有成效的德国出口工业意味着什么呢？马克——或者其他的什么新货币——将冲破天花板。马克升值将给我们的经济带来灾难，我们的出口产品将大幅涨价，我们的出口量将减少，就业岗位将受到威胁。我们将承受什么呢？只需回顾一下20世纪70年代和80年代就可以知道。因此，建立货币联盟最初的决定性推动力来自波恩，并非偶然性使然。赫尔穆特·施密特可以证明这一点。

反面观点是：德国以其强大的西德马克已经风光几十年了。工业进行了相应的调整，但是仍然具有较大的竞争能力。为什么这一次就会不行了呢？

因为我们今天已经不是生活在一个封闭的、或多或少有规矩的世界中，而是在一个有其独特规则的全球化世界中。你不妨设想一下欧元在这样的国际环境下发生崩溃的结果。不仅会对我们在拯救伞框架内所承担的义务造成打击，而且会因为我们极端坚硬的货币遭受压力。届时谁能在混乱发生时恢复秩序？我看没有人具有这个能力。尽管我知道生活是无法逆转的，但是我仍然赞成那些人的观点：实际上欧元是不容动摇的。尤其是我们德国人对此负有义务，必须采取一切手段维护欧元的强势。因为欧元增强了德国在欧洲的主导地位——与密特朗的初衷相悖。由此产生了德国的一项特殊义务，必须比其他国家更多地致力于拯救伞机制。

您也赞成那句"欧元失败，则欧洲失败"的话吗？

这句话有些极端，当年我在辩论中曾经赞同过这个说法，为的是强调我的决心。但是，实际上并没有那么严重。欧元无论如何都会存在下去。仍然会有一种可能性，即像某些人希望的那样局限于一个共同市场。但是，欧元职能的收缩会对欧洲在世界上的地位产生严重后果。我们实际上生活在一个多极世界中：尽管美国的经济已经复苏，其主导国家的角色仍然能够维持，但美国一强独霸的时代已经结束了。我们在亚洲有第二极，或许是在中国的主导之下。

在这样的态势下，欧洲究竟能够扮演什么角色？以2009年在哥本哈根召开的联合国气候峰会为例，世界新秩序在那里初见端倪。与会的西方国家领导人当中，没有一个人参与了会议总结报告的制定——美国总统奥巴马没有，欧盟委员会主席巴罗佐没有，德国总理默克尔也没有。那些门槛国家，尤其是金砖国家——巴西、俄罗斯、印度、中国——起草了报告，然后邀请合众国的总统在会议表决之前看了一下报告文本。未来，世界政治意愿的构成就将这样推进：那些门槛国家因其建设成就而坐强，与美利坚进行合作。而那些自顾自的欧洲民族国家，还能怎样发声呢？事实像朗朗青天一样明确：只有一个不断增强一体化进程的、强大的欧洲，才能以同等的体量参与对话。否则，未来的国际会议——例如最重要的20个工业国家和门槛国家集团（G20）——就会以哥本哈根同样的模式运转，这就是说：将没有人把欧洲当回事儿。没有一个欧洲民族国家，无论法国、英国，还是德国、意大利，能够像中国或美国那样单枪匹马地扮演领导大国的角色。

欧洲的分量真的取决于统一的货币？不管怎么说，欧洲大陆毕竟是一个强大的经济区域。

不，欧洲如果没有共同货币就无法继续成为强大的经济区域。欧元是比肩美元的全球性货币。如果没有共同货币，欧洲出口经济的优势就会丧失，尤其是德国的优势。当然，我们必须深化欧元区和欧盟的一体化进程，才能保持这一货币的稳定。

更多的一体化意味着：德国必须让渡主权权利。德国民众或者联邦宪法法院究竟还能毫无怨言地容忍多久？

诚然，我们可以而且必须向布鲁塞尔让渡一些权限，欧洲机构也必须进行改革。从长远看，欧盟委员会必须成为一个政府，应当由议会选举产生；欧盟理事会则应是各国政府的圆桌会议，相当于某种形式的第二议会，类似于德国的联邦参议院。我们需要的是一个新的欧洲建筑架构。如今的主要问题是缺少一个中央机构，它的作用是协调各国经济和金融政策，审视各国是否遵循欧洲标准，直至决定制裁措施。这样的一个欧洲经济政府，必须拥有效力和贯彻能力，必须确定路线并领导各成员国。前提条件是让渡各国主权。此外，欧洲需要发展的推动者。因为德国已经成为欧洲最强劲的经济大国，推动力的作用责无旁贷地落到我国肩上，而许多邻国和盟国恰恰也要求我们这样做。然而，迄今为止没有看到德国的任何作用。我希望我的党在新政府内可以获得关键职位，从而使新政府能够展开推动力，以满足欧洲的期待。

或许意味着要给布鲁塞尔更多权利？

要看事态的发展情况。我的意见非常明确：可以更加充分地适用权力下放原则，也就是应当尽可能让最低的国家层面承担任务的原则。我怀疑布鲁塞尔是否有能力和有必要亲自决定蔬菜产地及其认证工作。又如我们的医院或者储蓄银行应当如何组织，与欧盟根本就不相干。这就是说，权限的划分应当更加合理，确切地说，货币政策应当由欧洲央行负责，经济和财政政策则应由布鲁塞尔负责。我补充一句：为了控制成员国之间的经济不平衡，必须规定社会政策的上下幅度，例如失业保险和退休保险等政策。举例来说，欧洲必须找到退休年龄的规定幅度。合理的退休年龄应当确定在 65～70 岁。在这一范畴内，各个成员国可以根据本国人口统计发展情况和经济能力做出决策。当然我很清楚，说起来容易做起来难。我知道，在一个拥有 28 个成员的共同体内形成共同的意志，其过程是多么的艰难。因此，通过金融市场对共同货币产生压力，从这个角度看是完全有帮助的。因为，现在大家都理解了：如果我们真的想保住欧元，就必须改革。

一位总理在欧盟峰会上究竟能否左右会议进程？他在会晤前所准备的那些货色，能够向那个由官僚和外交官组成的机构提供多少呢？

政府首脑们手中都有一个日程本，上面列着一系列核心问题。然后，他们必须物色并找到盟友，遵循那句格言：如果你在这个问题上帮我，就可以指望我在另一个问题上帮你。于是当然很快就会遭到谴责：这有点像是中东的集市。但这并不是集市。实际上只有通过妥协才能赢得多数。

这个联盟是在会晤之前就已经探明了，还是在那传说中的夜间会议上临时寻找？

前期要预做准备。但是，最终决定是在首脑谈判过程中做出——通常大都是在夜间。这是一项费力耗神的事务。

观众有时怀疑这些已经成为仪式化的内容了，是导演出来的：谈判者在凌晨带着黑眼圈出来展示成果——向人们展示：我们已经尽了全力了。

不，这可不是体育运动。谈判确实需要时间，因为必须把完全不同的利益统统融合到一起去。况且你要看明白：欧盟理事会 28 个国家元首和政府首脑参会，有时因特殊宪法要求一个国家的总统和政府首脑双双参会。于是，外交部部长也会坐在他们的领导身边，而这些外长从来不会允许别国抢夺权利的。如果讨论经济和财政话题，与会者圈子就要扩大到财政部长。于是，会议桌旁的代表人数就可能超过 80 人。与会的每个人都会要求发言。你能不能猜想一下，这个晚上该有多么的漫长？

但结果总是每个人都解脱出来，会召开各自国家的新闻发布会，叙述他多么出色地向所有人做了展示。这种形式明明有点像体育比赛，像导演出来的。

是的，遗憾的是有时必须这么做。另外，那些记者在坐等，他们也不容易啊，必须每天填满报纸的版面。如果仅仅客观报道峰会决议，最多只需要刊登一栏篇幅。如果用一些争吵作为调味品点缀，就可以把篇幅扩大到三栏——不仅对政治家有利，也对记者有益。区别只是，他们每次都装作是始料未及的意外收获。

对一位德国总理来说，来到布鲁塞尔就会遇到一个额外的困难：人们期待德国做领头羊，但您又不能表现出来想当领头羊的意愿。

确实如此，尽管德国不断增长的领导需要已经越来越多地得到认可了。某些德国政治家会犯一个错误：在布鲁塞尔参会时，他们愿意表现得比在本国更加随和一些。但是在接受德国报纸采访时，就会明显地更加坚决一些。然而，重要的德文报纸外国也能看到。这就是说：要么你严格恪守布鲁塞尔谈判的原则，要么你就闭嘴。否则，一旦你的口头要求与实际政策差距太大，就很容易出岔子。

您的党内朋友、布鲁塞尔最强有力的社民党人马丁·舒尔茨认为，各国政府在本国玩的都是"互相推诿的手法"（blame game）。好事是自己争取来的，坏事是布鲁塞尔带来的。

对一个政府来说，在本国辩论时很容易推卸道："很遗憾，我们没有办法，这是布鲁塞尔的强行规定。"这种做法并非每次都公平。马丁·舒尔茨说得对。但是，布鲁塞尔有时确实会制定一些值得怀疑的指令，各国政府完全有理由提出批评。

您当年也批评过？

当然。不过不应过度夸张。如果总是强调别人犯错，而自己从来不会有错，那么很快就没有人会再信你了。

在这样的欧盟谈判中，是不是常常达到体力极限？例如，你们在传奇的 2000 年尼斯峰会上连续数夜通宵谈判，那些记者只能在新闻大厅里抽空睡一会儿。

当然说不定什么时候就会达到极限。有时会议开到早晨 5 点了，一个参会者还要做长篇发言，但是说的不过是无关紧要的小事情，例如联合公报的一种行文方式，而文本内容根本就没有关键性的改动。这种时候确实令人很恼火。你的发言不会带来多少意义，因为肯定会有几个人接着你的话题继续要求发言，对其加以反驳，从而把会议继续拖延下去。

常常出现让您忍无可忍的时刻吗？

我总是能够自我克制。良好的身体状况和以往汲取的经验颇有帮助：任何一个挑衅只会令事态再拖延半个小时。

各国政府首脑的举止都会符合民间传说的那种特有俗套吗？例如人家说英国人是这样的，法国人是那样的，意大利人又不一样……

我不同意这种说法，即各国政府首脑的举止具有该国特有的民族俗套。

随着时间的推移，有没有察觉到各个联盟的组合：来自某国的某个人说了一个观点，我可以相对肯定地猜测，至少有三个其他的国家会赞成附议？

当年在各种峰会上——如今或许依然如此——人们总是认为法国人和德国人的意见是一致的。正如外界所传的那样，我们与雅克·希拉克发明了一种新的模式，叫作"布勒斯海姆谈话"。布勒斯海姆是阿尔萨斯地区的一个小镇，我们第一次以这种模式会晤就是在那里。之后，我们在每次欧盟峰会前定期举行政府磋商，确定大政路线。合作已经深化到一定的程度，以至于我曾经有一次请求希拉克，在欧盟峰会上代表德国表态。反之亦然，我也可以说是曾经代表过法国总统。此举反映出个人之间的相互尊重和政治信任。

这是一个政治姿态，还是因为日程安排困难而无法出席？

不，这是一个政治姿态，说明德国与法国之间的信任关系已达如此紧密程度。当然，其他欧洲国家政府首脑有时会抱怨说，我们想主宰他们。一旦法国与德国无法达成一致——这种情况当然会发生——他们就会抱怨说，我们想拖延决策或阻挠决策。所以就这点而言，法国总统和德国总理最好是在前期协调一下共同立场。之后，我们俩一起出发，寻找联盟伙伴，争取拿到多数支持。只要德国和法国意见一致了，很快就会明朗：此事就这么办了。否则，整件事情就难办了。

在巴尔干战争时期，德国与法国分道扬镳了，有一阵子给人的印象是，从第一次世界大战的历史书上读到的那种行为方式和论据链似乎又浮上水面了。

在所谓的南斯拉夫战争的热战时期，确实可能如此。1991 年 12 月科尔政府提前承认克罗地亚和斯洛文尼亚独立地位的做法，被很多人做了这样的解读。当红绿政府于 1998 年秋天开始承担外交政策责任时，在国际辩论中已经很少再感觉到这样的历史性论证模式或偏见了。相反，有些人企图在内政问题上做文章，逼迫我们在刚刚接管政府工作之后就立即面对一个艰难决策，即在科索沃冲突框架内参与军事打击残余的南斯拉夫势力，实际上主要针对塞尔维亚。无论对我还是外交部部长约施卡·菲舍尔来说，都很难解释为什么德国必须参与科索沃的军事干预行动。

我认为，菲舍尔当时描述了一幅错误的画面，说是为了阻止第二个奥斯维辛集中营。

您认为他的比喻跑偏了？

这句话实际上质疑了大屠杀的唯一性，所以存在问题。诚然，科索沃存在着极其严重的侵犯人权暴行，但是以奥斯维辛与之相类比则不合适。或许他的比喻是为了在绿党内部阐明军事干预塞尔维亚行动的合法性。

然而，当时是你们二人共同做出了派遣德国士兵参战的决定。

我接手政府工作后很快就明白了，德国必须参与干预行动——尽管国际法上的合法性尚不是那么清晰。因为，联合国决议遭到了俄罗斯的否决。我担心的是，与美国人和欧洲伙伴之间的任何一点距离，都会给我们带来巨大的困难。红绿联盟从一开始就遭遇到北约的不信任目光。此外，我们于1999年接任欧盟理事会主席国位置，容不得我们有丝毫迟疑。

您立即在柏林的欧盟峰会上声明科索沃行动不可回避，当时是1999年春天，是德国红绿政府出任理事会主席后的第一次峰会……

……而且我们必须同时做出关于科索沃干预行动、农业政策改革和欧盟结构基金的决议。这是我主持的第一次欧洲谈判。压力很大。当时两位同事给我留下了深刻印象。

透露一下，是哪两位？

一位是西班牙首相何塞·玛丽亚·阿斯纳尔。他喜欢围绕一些小细节的要求和本国利益纠缠不休。另一位是芬兰总理帕沃·利波宁。我永远不会忘记的是，我的朋友帕沃想在峰会上强行通过某种资助芬兰硬粒小麦发展的方案。没有人明白这种专业问题，但是我们最终还是办妥了。希拉克是一个十分幽默的人，他多少年后还拿这件事来说笑呢。

您怎么会偏偏与希拉克总统有这么好的关系——从举止就可以看出他是一个传统的社会民主党人。

我们的关系不是从一开始就那么光彩亮丽。我们是在政治上找到契合点的。之所以能够做到这一点，是因为我们无论经历多少政治辩论都没有失去相互尊重。这种互敬之情自始至终，双方均无例外。雅克·希拉克有着很高的社会天赋，对那些并非一生下来就口含金匙者的生活环境有着细腻的敏感性。因此他的举止有着一种温暖的、家长式的特点，而这种方式在法兰西这个国家普遍被视为理所当然的独特性格。所以，与希拉克可以非常愉悦地交谈。他是一个很有教养的人，是日本和中国艺术与文化的优秀专家。我记得我们曾经一起参观布鲁塞尔最大、最重要的艺术品商店，当时店主拿出一只花瓶，充满自信地说："这是什么什么朝代的！"希拉克仔细看了一下，接着又看了一眼，然后说："不，您搞错了，它的历史还要早50年。"当那个商人不得不翻阅了艺术品目录之后，他承认希拉克总统说对了。此外，如果对方来自另一个政党家族，两个政府首脑之间的关系就会相处得更好。

为什么会是这样呢？

因为不仅有国家之间的竞争，也有欧洲范围内的竞争：谁是最成功的，谁是最重要的——恰恰是在政党家族内进行攀比。然而，在一个德国社民党人和一个法国保守党人之间，这种竞争却不存在。撇开康拉德·阿登纳和夏尔·戴高乐的关系不谈——因为二人都继承了名副其实的保守主义传统——德法伙伴关系历史上始终如此。不妨回忆一下自由共和党人吉斯卡尔·德斯坦和社会民主党人赫尔穆特·施密特的关系，或者社会党人弗朗索瓦·密特朗和基督教民主党人赫尔穆特·科尔的关系。在雅克·希拉克与我之间仍然有效。但是我与社会党人利昂内尔·若斯潘总理之间就未能发展密切的关系。这与个人原因关系不大，而更重要的是对那个问题的答案：在欧洲社会民主党阵营里，究竟谁说了算？

或许正是因为这个原因，所以没能与英国首相托尼·布莱尔和利昂内尔·若斯潘成功地打造社会民主党三人联盟？

我曾经做过努力，直到后来不得不确信：英国人根本就没有真正地搞清楚，他们到底是要成为美利坚合众国的第51个州，还是要继续成为欧盟的一部分。

布莱尔领导下的新工党不是相当地亲欧吗？

托尼·布莱尔本人过去和现在都是坚定的欧洲人，但是他从来就没有力量，也没有勇气让英国人通过一次全民公决更加坚强地与欧洲绑在一起，甚至不敢说服英国人喜欢上欧元。相反，布莱尔的人常常把英国内部的冲突搬上欧洲桌面。有时很难与他们沟通，因为他们时常要求扮演特殊的角色，完全继承了英国前首相玛格丽特·撒切尔那种著名的传统做派："I want my money back"。布莱尔也属于这种传统派，或许他还不能或不愿摆脱这种传统。因此我坚持自己的观点：欧盟应立足于其创始成员国：德国、法国、意大利和荷比卢三国。新加盟的国家中，波兰十分重要。

再回到英国人的话题。您说：即使在布莱尔领导下，也未能成功地把英国与欧洲的距离拉近。那么您怎么看 10 年后的英国？退出欧盟？或者被其他国家赶出去？那些国家迟早会说：我们已经烦透了，不再需要你们了！

这恐怕是一个解决办法，尽管我不希望看到这个结局。不过有一点是清楚的：如果一体化步伐继续前进——即使由于共同的货币也必须继续前进——而英国人继续说"我们不愿意"，那么他们早晚必须承担后果。

这意味着：他们应该退出？

不，那不算是后果。我们早就已经是一个有着两种发展速度的欧洲；欧元区的一体化发展速度比其他地区强劲得多。如果英国人不想要欧元，如果他们不想持有共同货币，他们就没有权利参与欧元区确立目标的决策。届时将出现目标确立范围的分裂：大欧盟区域和货币区域。如果有人不想在可预见的未来加入欧元区，可以得到认可。但是，如果他想留在外边，也必须认可自己在里边没有话语权的事实。

您当年与托尼·布莱尔的个人关系怎么样？这位英国首相曾经享有难以置信的好感热浪。

我所交往的他，是一个非常乐于友好交谈的、坦诚的人。后来，我觉得他有些过于一本正经。我常常对他说：你讲话像个神甫。或许这缘于他虔诚的宗教信仰，因为他已经改信天主教了。我们在关系从伊拉克战争问题上开始疏远。但是，他无疑对欧洲的发展有着重大影响，也曾经被列为欧洲高层职务的候选人。

他与其他几位政治家共享命运：您曾经一度打算让埃德蒙特·施托伊伯坐上欧盟委员会主席的位置。

是的，我本打算这样安排，而且我们原本也能够实现。希拉克已经接近同意了，但是埃德蒙特·施托伊伯后来退缩了。我记得很清楚，我是在西门子时任董事长海因里希·冯·皮埃尔的家宴上提出这一建议的。施托伊伯请求给他 14 天时间考虑。后来他给我打电话说，很遗憾他不能接受这个职位，理由是基社盟离开他还不具备生存能力。实际上是因为他在巴伐利亚扎根很深。他感觉自己在那里很安全。他的理由给人好感，但也表明：政治的柏林与慕尼黑相比是另外一个体量，不仅大得多，而且缺乏亲切感。布鲁塞尔那就更甭说了。如果你不能熟练地掌握至少一门外语，就很困难。

您现在是指标准德语……

不，我自己的英语也有过问题，现在好些了。我在欧盟峰会上一直使用译员。这样做也比较理智，因为你有更多时间可以思考，借助译员可以在协议谈判时防止错误或者误解。如果能够掌握多种语言，当然会受用得多，你可以用一种或两种语言自如地沟通。

所以您认真地上了英语课？

我学的是威尔士在线英语教程（Crashkurs in Wales）。现在我已经能够就政治话题参与复杂的讨论了，也可以讨论财政和金融政策。

您建议迈出欧洲一体化的继续发展步骤，包括选择一位更加强势的欧盟委员会主席。您希望怎样提升他的地位？

他应该由欧洲议会直接选举产生。通过欧洲选举，其地位自然就会提升，因为欧洲各党都会在竞选中推出其首席候选人，由他们去竞争委员会主席的职位。

欧洲已经成熟到这一步了吗？欧洲连一个公开舞台都没有……

……但是泛欧洲的竞选斗争正在不断扩展。我就在意

大利、捷克、法国和克罗地亚登过台。一个欧洲公开舞台
不会自动生成，而应通过社会民主党人和保守党人的首席
候选人之间的政治辩论创建起来，这个舞台要让全欧洲都
能看得见。

欧洲今日的生活现实究竟相差多远？

如今的现实差距已经不大，人们的渴望和愿望几乎没
有差别。

**如今的街景确实十分相似，但是欧盟国家的经济发展
却大相径庭。在南欧的危机国家中，年轻人因为就业无望
而陷入绝望。**

年轻人前途无望确实是欧洲最令人压抑的问题。就拿
西班牙年轻人的失业率为例，25 岁以下年轻人失业率达到
了将近 60%。希腊的状况也差不多。意大利的数据在 30%
和 40% 之间，法国大约是 30%。这是无法容忍的。德国的
情况相反，过去几年内年轻人失业率已经从 15% 下降到
7%，是欧盟最低的数值。这与人口下降原因有关，但也是
2010 议程改革的积极成果。向年轻人开放劳务市场的政策
十分重要。因此，法国或西班牙这样的国家需要进行体制
改革。此外，我们必须对上述国家有效打击青年失业率的
规划给予资助。

应当采取什么规划？

无论如何不能把年轻人塞进公务部门。相反，应当考虑是否可以在欧盟的支持下，把德国的双重职业培训体制移植到其他国家去。我们不能坐视欧洲由政治危机引发社会危机。那样的话，就会比在货币联盟问题上可能发生的错误决策更加危险。

建立统一货币时所犯的一个根本性错误，是闭着眼睛听任意大利人和希腊人混进来了。

不，我不这么看。怎么能够让意大利在大门外等候呢？何况，比利时当时的总负债也过高呀！难道我们应当对这两个欧盟创始国说"我们开始创立欧元了，但是不包含你们"？不可思议！在这方面，我认为科尔做得对。

希腊人不是创始成员，后来才加入货币联盟——您担任总理期间本应可以或者必须阻拦呀！

希腊当时已经向欧盟委员会提供了数据，而从希腊的报告中可以认定：希腊能够并应该成为货币联盟成员。这个建议是欧盟委员会向欧盟理事会提出来的，当时我属于欧盟理事会成员。理事会全票通过了委员会的提议。此外，在公开介绍情况时，有人喜欢隐瞒一个事实，那就是自民党和基民盟在欧洲议会都投票赞成希腊引进欧元。作为德国总理，难道我应当对希腊说"不允许你们成为成员国"？何况，接纳希腊具有政治意义。许多希腊人希望看到自己的国家更加强劲地融入一体化——希腊毕竟是西方民主的摇篮，况且20世纪80年代刚刚才从军事独裁下解放出来。在时任总理康斯坦丁·西米蒂斯的政府内，许多成员曾经在独裁时期来到德国申请避难，其中也有一些是德高望重、行事正派的教授。我根本就没有想到要怀疑他们提供的数据。然而，态势朝错误的方向发展了。希腊债务政策的扩大，是在卡拉曼利斯2004～2009年担任总理期间，而不是在此之前。他的政党朋友，也就是欧洲保守党人，对他的行为听之任之。

尤其严重的是，一个错误紧接着另一个错误：恰恰正是您任总理时德国首次中断了稳定机制条约，从而导致马斯特里赫特条约失效。

即使重复多遍也不是事实。事实是，我们于2003年3月宣布2010议程后，开始着手强有力的体制改革。改革不是做做样子的。在这种态势下，财政部长汉斯·艾歇尔开始对稳定条约的规定下手，首先把赤字控制在3%以下。他对他的欧洲同事承担了责任。我对他的做法给出的回应是："我们现在需要的是增长。如果我们遵守这些标准，就必须在议程计划以外再节省200亿欧元。这一点我们做不到。否则议程就会完蛋，我们社民党人就该卷铺盖走人了。"于是，我与雅克·希拉克坐在一起仔细考虑：我们怎样才能赢得时间，促使改革产生效力？要求我们在体制改革的同时，还须极其严格地执行节省计划，以维持赤字标准，这在财政指导思想上可是行不通的。如何能够从经济上和社会上把一个国家绞杀，如今可以从希腊、西班牙甚至葡萄牙的事例中得到启示。

您是要求在严格的节约义务方面给南欧一个喘息的时间？

明智的说法是："如果你们在体制上贯彻根本性的改革，你们就可以赢得时间——仅此而已，不多不少。你们不会得到怜惜，但是可以得到时间。"时间不是由欧洲政策埋单，而是由欧洲央行埋单——恰恰就是央行的政策。作为唯一一个具有行动能力的机构，欧洲央行传递出了政策信号：我们以利息政策和购买那些陷入困境国家的国债之举措，为你们营造时间。你们必须改革，从而才能正确地使用这段时间。否则，我们就不会提供援助。

经验表明：节约的时代并不划算，不仅仅是在体制改革时期。国家债台会不断高升、高升。

债务并非原则上就是坏事，并非总是坏事。如果你利用债务向未来投资，也就是向基础设施、研究和教育投资，得益的会是当今这一代人和下一代人。这将推动整体欧洲的发展。

　　然而，不正是年轻的一代人不能理解这种欧洲理念吗？只有在共同货币失败的时期和危机时期才有理由推动欧洲团结？

　　欧洲一体化的第一个和最重要的理由是和平。在经历了两次世界大战之后，我们所有人只有一个愿望：再也不要战争了。如果我今天与我的大女儿及其朋友们讨论这个问题，她们会以怀疑的目光注视我：战争？对她们来说，这无异于来自另一个星球的信息。她们早上坐上火车或者飞机，几小时以后就到了巴黎。没有护照检查，到处都使用欧元。她们不知道，原先是另一番景象。但是她们理解，我们欧洲人现在处于这样一个时代：像美国、中国、印度和巴西那样的国家，在政治上和经济上正在越来越强大，而我们只有联合行动才有机遇，而不是德国人、法国人或者波兰人各行其是。若想保住欧洲取得的一切——富足、福利社会国家制度、自由、民主——从这个视角看，我们必须也能站在时代的高度上。在我看来，坚定的欧洲化是应对全球化的答案。当然我也坚信，我们无法以一己之力达成目标，我们需要与我们紧密团结的强有力的伙伴。例如，其中一个伙伴是土耳其。土耳其加入欧盟具有安全政策和经济政策的意义。又如，我们需要俄罗斯，需要俄罗斯的巨大资源储备和市场。欧盟与俄罗斯的联盟，亦即签署具有法律约束力的协议，将是重要的一步，将会给双方带来巨大优势。

第三章

政治是合同制职业

施罗德先生，当年戒除政治毒瘾时有多痛苦？

政治不是毒瘾。政治不会产生依赖性。它不是一种癖好，尽管于尔根·莱纳曼的《高空晕眩》一书把这个印象固化为所谓的共识了。

2013 年去世的前《明镜》周刊记者于尔根·莱纳曼是您的朋友。

是的，他确实是一个伟大的记者。遗憾的是，由于他的疾病，最近几年我们很少接触。我始终对他的癖好命题表示怀疑，也明确向他表述过。因为政治不是癖好，政治是一种职业。

但是一种极端耗费精力、依赖自我表现、渴望公众认可的职业。

耗费精力，同时也具有高度吸引力。艾尔哈德·埃普勒尔曾经十分中肯地说：政治居于一个人的能力极限处，却又不伤及自我灵魂。我对这个极限区并没有恐惧，我原本不愿意自动放弃这个职业。是那些选民逼迫我为自己重新定向。

那些真正"喜欢搞政治的人"，在离开舞台之后至少内心还是痛苦的？

我不知道。对我来说，我始终很清楚：只能在一段时间内从事政治，之后必须重新定向。

罗兰·科赫现在领导一个建筑康采恩。人们至今还没有放弃那个猜疑：联邦总理府原本可以挽留他。

他自己原本也可以努力要求留下。他做出了另一个决定。这是他个人的选择。我强烈反对那种认为政治是一种癖好的说法，尽管我原本愿意继续干下去。不过，如果你当过总理以后，就无法接受其他政治职业了。

或许可以接受一个国际职位？

是的。但是针对我的个案，基本上已经排除了可能
性。

默克尔女士几乎不会给您机会？

她根本就不会产生这个念头。

**2005 年大选失败的那个传说般的夜晚，究竟是怎样度
过的？那天晚上电视台的高层政治家讨论会，有着完全不
同的解读：果真像您夫人所说的是"不够理想"，还是一
种战术？**

不是战术，应当说是一场解放战斗。那是最艰难的选
战之一。所有记者都已经把我们写死了，认为我们死定
了。民意测验认为联盟党将占有绝对优势。但是，大选之
夜的差距微乎其微。我没有给社民党带来失败，相反，
34％是一个相当棒的成绩，我们仅差毫厘便可获胜。我顿
时释怀了。接着两位电视台主持人开始宣称默克尔女士是
胜利者，并指称我是竞选失败者。他们的说法令人十分恼
火，导致我的表现不够适度。不够理想的说法已经可以算
是十分友好的描述了。

**当晚您是否还希望：事情还没完呢，我还会继续
执政？**

不。我已经清楚：基民盟与自民党构不成多数，而自民党不愿意组成交通灯联盟①。结果将是大联合政府。我也很清楚，该政府将由默克尔女士主政。没有其他可能性。

……观众们也很清楚这个现状，只有您不认可这个现实，如同一位南美独裁者对人民的否决权不买账。

对我来说，关键点不在这里。我在节目中不想说结局将是大联合政府这句话——因为我要顾忌约施卡·菲舍尔及其绿党。菲舍尔当时也在电视台节目现场，我不想在公开场合让他受到冷落。菲舍尔始终非常忠诚，在联合政府中是一个稳定因素，即使在回旋余地有限时也不例外。所以，我不想在电视节目中宣布我们的结盟关系终结。

因此这个节目一下子火了，很多年后在 You Tube 网站上的点击率还是成千上万。

是的，我也听说了。如果有人问我为什么会出席电视台节目，一开始我的回答始终是：我想做一个网络节目，让观众开心快乐。然而，这个节目当然是个错误，尽管我个人对事后的反响并不在乎。

---

① 系指红色的社民党、黄色的自民党和绿色的绿党组成联盟政府，有如交通标志灯的红、黄、绿三色。——译注

您今天不会再否认您在失败当晚很失望吧？

我当然失望，非常失望。只相差一个百分点：如果对方少半个百分点，我方多半个百分点，我就可以主政大联合政府了。我当然愿意继续干，毫无疑问。但是选民们不愿意。大选后，我最后一次出席了欧洲理事会。许多欧洲同事在那里主动与我说话，主要是斯堪的纳维亚人，不仅有社会民主党人，也有保守党人。他们问我，为什么不继续干？你可以组成多数政府呀，你有绿党呀！数学意义上确实可以取得红红绿多数①，但不是政治意义上的多数。我要解释一下，为什么这种模式在德国行不通。当时，左翼党是一个荒唐的大杂烩，里面有民社党人②、共产主义平台和来自西部德国的乌合之众。这个党在政治上不能成为我们的伙伴。

柏林的战略家们当时强调，正是您在电视节目上的暴躁表现稳定了安吉拉·默克尔在联盟党内的地位，否则她或许会因为选举结果而遭受噩运。

这是事后的说法。然而，基民盟在实际情况下肯定会设法粉饰，帮本党主席推卸责任，哪怕她遭受严重的失败。这是一个权力欲很强的政党。谁有可能发动政变？如果要在组阁过程中罢选党主席，就必须组织一次党代会。

---

① 系指社民党、绿党加上左翼党组成左翼政府。——译注
② 前东德统一社会党的后身，全称为民主社会主义党。——译注

这是不可能的，永远也不可能发生。我认为这是一个凭空想象的故事。

您是否还记得，那天之后的日子难过吗？

记得，当时我当然很失望。但是更主要的感受是轻松释怀，因为社民党的得票率不是民意测验预示的24%，而是到达了34%。我们可以与联盟党平起平坐地进行谈判。诚然，两个月之后告别总理府的心情是苦涩的。如果我说那并不是紧急刹车的感觉，那我就是在说谎。之前是总理先生，之后是施罗德先生。但我比较快地重新调整了方向。

您的夫人说您进入了一个"艰难的学习过程"。听起来您在私人生活中有很长一段时间难以忍受？

当时的时光当然不容易。如果一个人落选了，并不老，没有病，也没累垮，几乎毫无准备地成了退休者，就需要一份新的工作。所以，我对那些与我同样处境的人提出的建议是：赶快找一个新的职业，用一个名誉职务投入进去，尽快离开议会。我当时就是这样做的。

后排议员的座位对一位前总理已经没有意义了？

毫无意义。因为现役政治已经完全结束了。您需要的是另一种新的东西。我观察过赫尔穆特·科尔。我的前任落选以后又在议会待了四年。他总是坐在后面几排的议员席上，独自一人，没有人跟他说话。一个老总理想在议会里说些什么？想到申诉委员会工作？应该高度尊重同事们的工作：您不必再去议会啦。

以前您从早到晚都排满了日程，如今的日常节奏失去了。

没有失去，只是有所改变。我们有两个小孩子。所以每天当然有很多事要干，不过这些劳动我必须先学起来。我很愿意干这些事，因为从以前来看我的时间明显太短。作为总理，我对家庭付出的时间太少。家务劳动都扛在我太太的肩上。

您作为退休后才开始学习的超级经理人，没有秘书打电话、没有司机开车，一个人能够胜任吗？

当然，我已经可以不错地独自胜任了。对我来说，当时很重要的是接受新的任务。那时我才61岁，可不是应该退休的年龄。除在担任欧洲－俄罗斯北溪天然气管道公司（Nord Stream）的监事会工作外，我还担任了中近东联合会名誉主席，并参与反对种族歧视和反犹太主义的"展示你的面孔"（Gesicht Zeigen）倡议组织的活动——这是我从前总统约翰内斯·劳那里接棒的工作。

凡是有人从政府下海去公司，就必须要有遭到公众不满反应的思想准备。经济界与政界的距离究竟允许有多近？

一位总理退役后转轨商界，已经不是什么新闻了。赫尔穆特·科尔当年也与瑞士信贷银行（Bank Credit Suisse）、德国财产管理顾问股份公司（Deutsche Vermögensberatung）和莱奥·基尔希集团（Leo Kirch）签过约，尽管他当时还在联邦议院当议员呢。赫尔穆特·施密特也很快就找到了新的任务。我知道，我在 Nord Stream 公司任职遭到了很多批评。转轨的速度确实值得商榷。度过一定时限的等待期之后再转轨就更好了。总体而言，我认为政界和经济界保持近距离关系十分重要。我们原本应当需要更多的能够在两界之间自如转轨的人才，例如就像在法国那样。我认为这样做很好。所以，我在第一个红绿联盟内阁中吸纳了工会人士瓦尔特·里斯特出任社会部长，并任命 VEBA 能源集团的维尔纳·米勒出任联邦经济部长。他们二人充实了政界。

施罗德先生，您说政治不是癖好，而是一个有吸引力的职业。政治比律师或科学家等职业生涯更具吸引力的是什么？

我在哥廷根担任克里斯蒂安·施塔克教授的助理，很早就发现那个工作不适合我：坐在办公桌前，琢磨着怎样推出警察法。这不是我的事业。施塔克教授也察觉到了这一点，说："或许您最好去从政，而不是搞科学，我们还是各走各的道吧。"于是，我们共同做出了决定。

这个时候您的目标已经明确了？您要在政界向最高层努力？

这是一个过程，是无法计划的。您可以尝试向这个目标努力，在一个选区出人头地，付出很多辛劳，不断地出席各种场合，也要比其他人多一些政治理解。结果会是怎样，这要取决于一些偶然因素，也要取决于整体政治局势的发展。你无法计划当选州长或者总理。在这个方面，意志比计划更重要。

对政党来说，凡是有胜利希望的人，才有机会获得提名？

这是关键。1998 年，我并不是本党理想的总理候选人。当时的理想候选人是拉方丹，他本人也愿意挺身而出。不过他也知道，自己在公众心目中的接受程度不高。因此我在 1997 年夏天的一次记者采访时表示："如果我在 1998 年 3 月 1 日下萨克森州的议会选举中丢失的票数不多，能够大致维持 1994 年的得票率，我就是联邦大选的一个候选人。"我对自己设定的目标做了描述：如果我的得票率比 1994 年减少 2% 以上，我就不出任总理候选人。结果我们在 1998 年的州议会选举中获得 47.9% 的选票，增加了 3.6%，于是局势就完全明朗了。

再关注一下奥斯卡·拉方丹：你们之间的关系有多复杂？究竟是否还有联系？

不，我们现在已经没有联系了。但他是我认识的最有天才的政治家之一。但是，他始终想追求自己参与建设并受到爱戴的社会民主主义理想，但是在现实政策中却成了问题。因为他是一个害怕担责任的人，而承担责任就意味着可能破坏己方阵营的一团和气。他也不是一个认可基本原则的政治家：首先是国家利益，而后才是政党利益。在他 1999 年逃离联邦财政部部长职位并对我进行诽谤之后，我认为没有理由再与他保持联系。

你们二人之间从来没有过真正的友谊，而是始终将彼此视为达到目的的手段。

是的，是为某一目的达成的联盟。他当时在波恩的名气比较大，被视为希望的承载者。

在威利·勃兰特的孙子辈当中，拉方丹是一个明星。

毫无疑问。确实如此。而且他也始终让人感受到这一点。我从来不稀罕这一套。我不喜欢居人麾下。但是他乐此不疲，最终由于这个原因而逃离了职位和责任。作为财政部部长和党主席，他的想法是："无论谁在我的手下当总理都一样。"这种想法在社民党内部或许行得通，但是出不去。没有一个欧洲政府首脑会撇开我去同财政部长拉方丹交谈。此外，他在国际场合犯了好几个错误：他很快就与法国财政部长多米尼克·施特劳斯·卡恩联手，与托尼·克莱尔发生争执，并且在国际货币基金组织和其他的什么地方表态反对克林顿政府——他们回敬以颜色，对其态度十分冷漠。

他把离职的理由解释为红绿政府的战争政策和削减社会福利的做法。

这话并不可信。联邦国防军参与科索沃战争，是我们一起决定的。那个议程于 2003 年启动，当时他早就不在政府里了。

您今天对他的怨恨还有多深？

我没有怨恨，为什么要有怨恨？我对他已经无所谓了。我不想效法他。对于我们的军队，他曾制定过某种政策，换了我就不会那样做。实际上他是一个悲剧人物。

在经过几年之后，如果您现在回顾自己的总理时代，

您还会对什么人产生憎恨？或者已经把所有不愉快的记忆渐渐淡忘了？

憎恨不是我的性格——在私人生活中不会，在政治生活中也不会。如果你对自己所做的一切都比较满意，就对你的身心健康创造了一个良好的前提。在我领导下的红绿政府所做的一切，大家有目共睹。不光是外交政策，也有2010议程。我们推动了整个社会的现代化，并且开放了社会。不妨回想一下一体化政策、核政策的共识，甚至可以回忆一下男女同性恋允许注册同居的政策。还要补充一点：我感觉到，绿党关于轮流执政的理念或许是他们的财富呢。对一个总理来说，在任十年足够了，再往后不可能做得更好了，充其量只会更加多疑猜忌、更加小心谨慎。

马克斯·韦伯在他的文章《政治作为职业》中列举了三种必要的品行：激情、眼光和责任感。您认为哪种品行最重要？哪种品行比较缺乏？

我认为激情和责任感是最核心的品行。眼光——听上去有些被动，但同样必须具备。

健康的自我价值观有多重要？

在政界，需要有一种十分健康的自我价值观。首先，必须坚信自己的能力——坚信自己比别人更强。其次，必须具备承受批评的能力。换言之：没有这个肚量就无法生存，因为有些批评是有道理的，但有些批评是不公正的。你必须有能力在晚间告诉自己：好吧，这一切我都咽下去，现在马上睡觉，明天太阳还会升起。

这种自我价值观需要经过培养，还是与生俱来的？

通过自身努力可以达到某种程度。与此同时，必须提升不达目的不肯罢休的雄心——这两种基本特质不可或缺，需要在斗争中得到发展。

您是一个好斗的人。

是的，这就是政治：起初是为争取选票而斗争，后来是为争取多数而斗争。此外，必须不断地提出问题。每天如此。每一次失败都要立即引发问题：是不是有人在这方面可以更好地胜任？尤其是在总理府内，空气十分稀薄。

因为许多人在期待着每一个错误？

……只要事态稍微出现偏差，你马上就会面临每一个困难。每一个决定都是你自己的决定。你本来可以同许多人商议，但是最终你必须自己一人非常孤独地做出决定。

最危险的是本党内的朋友?

有人喜欢这么说。我的看法不一样。党内朋友也许特别挑剔,但他们不是最危险的同时代人。因为,议会党团内或本党内的反对意见是可以预测的,因而也是可以克服的。

您曾经说过,当您对自己人以辞职相威胁时,往往或多或少只是在放烟幕而已,为的是让他们遵守纪律。

我说过这样的话?不过有一点很正确,那就是不可以滥用威胁辞职的手法,否则你说不定什么时候就真的要辞职了。因此,我很少以此相威胁,怕的是有人会说:好吧,辞职吧!于是我该怎么办?

政界到底有多少烟幕?

尽量不放烟幕。一个宪法机构——也就是指总理——的辞职不是儿戏,而是一个严肃的事件。当议会党团的一个决定与政府的计划相违背时,我作为总理可以在个别情况下表示认可——我也确实这样做过——但不是在涉及核心议题时。如果我将一个决策与信任投票联系在一起——例如在联邦国防军向阿富汗派兵问题上——而你的政府团队却不予合作时,你在政治上就完蛋了。威胁辞职只是设

法达成自己目标的一个工具，因此联邦总理只有在危急情
况下才可以使用这个手段。

**政治家也可以撒谎吗？特奥·魏格尔曾经说过：是
的，有时候关系到诸如欧元这类棘手问题时，甚至不得不
撒谎……**

不久前有过一个引人注目的案例。当时，有人问时任
欧元集团主席让－克洛德·容克，欧元区财政部长是否像
外界私下议论的那样聚会商议？他当即表示否认，尽管开
会的邀请信已经发出去了。为了避免引起金融市场的混
乱，此次会商将秘密进行。这样的谎言是适当的，是合
法的。

其他场合就没有撒过谎？

如果你在议会撒谎，通常你就必须辞职；如果你对调
查委员会撒谎，就要做好承担刑事后果的思想准备。

**但事实上是另一码事：事实结果往往与政治家所说的
和所想的并不一致。**

如果并非关乎事实，而是事关期望、判断，就不是
撒谎，而是预测错误。政治家往往不是因为犯错误而垮

台，而是因为错误的信息沟通。如果事态朝错误方向发展时，最好立即告知真相，否则真相随时可能被公开。

您的生活道路常常让许多人感到困扰，尤其是在社民党内部：从基层左倾到高层右倾。您在生活中的价值观究竟是什么？

高层右倾是什么意思？

是大老板的总理，是经理人和有钱人的好朋友。

尽管这种说法曾经成为新闻标题，但是与事实毫不相干。我难道需要那些政治观察家、记者们给我写一本教科书，指导我在私人生活中究竟可以与什么人打交道、不可以与什么人打交道？这有点不靠谱。至于指责我在政府内阻止了所谓的革命，而这种革命正是我自己作为社民党青年组织成员时所策划的——对此我坦然承认。

您对批评您的人做怎样的解释？

作为年轻人，曾经梦想有一个更好的世界，但是结果与现实却并不一致——这是可以理解的。然而在这样的情况下，人们以批判性目光审视的却是崇高的理想，而不是严峻的现实。如果一个70岁的人仍然以18岁或25岁的眼光看世界，那么他要么是还没有真正地认识这个世界，要么是自我拒绝学习。这两种目标都不值得追求。

在描述施罗德总理的文章中，几乎没有人不提到您的性格中存在"狼一样的特性"。您自己认为这个评价中肯吗？

首先，狼是一种群居动物，需要有一只领头的公狼，不过时常也会是领头母狼。所以，如果这种描述是在凸显某种权力欲的话，我并不反对。没有权力欲的人是当不上总理的。凡是向上攀登的道路均不例外。温顺的人干脆就不要竞争这个职位。因为，在一定的高度从事政治，自然就是持续斗争。如果你没有斗争的愿望和能力，就请你不要染指政治事务。

在政治斗争中，究竟什么是最重要的武器？雄辩技巧，厚颜无耻还是反应敏捷？

兼而有之。首先需要有一个好的体格。然后必须思维敏捷，能够迅速把握事物本质、前因后果和眼下态势。必须能够快速看透事务结构、适应新的态势。此外，扎实的司法教育也有助益。

在法庭上可以锻炼说理。

在法庭上可以以特殊方式学习，日后会有助于政治辩论。

也有助于一个政治家在电视上的表现？

有助于辩论，但是上电视则有更重要的其他要求：你对自己说的话要绝对充满自信。对一个政治家来说，电视是最重要的媒体，因为你可以同时面对数百万人。但是，电视也是一个危险的媒体。你实际上已经进入千家万户，这就决定了你在他们心中的形象。如果你在讨论中过于啰唆，观众就会感觉得到，会说："你看，这个人并不那么自信。"但是你并不了解这些反响，因为你并不是面对电视观众，而是在电视台播音室内，往往没有观众在场。所以你无法做出反应。相反，如果你在一个大厅或者集市上说话，就有很多主动性了。当你发现某个话题或某句话不得体，听众情绪有所下降，你可以立即变换话题，可以补充几句话。你在电视里就做不到这一点。因此，电视是一个危险的媒体，你会无情地败下阵来。

观众也会要求一个政治家是一个道德法官？

一个政治家应当坚持正义、坚守法律，但是根本就不能成为一个道德法官。他也不必成为道德法官。政治家个人的人生蓝图是有可能失败的，我本人就是一个例子，其他很多人同样如此。道德法官？我认为要求过高了。谁也无法达到这个标准。我相信，在全德国也没有人能够达标。

一个政治家对他身边的朋友有多重视？

重要的是政治生活以外的朋友。必须是那些并不想从这种友谊当中获得好处的人，他们不会利用这种关系在政治或商务方面获利。当我担任总理时，曾经在一个画家老朋友的家里度假。这个人对政治没有需求，并不想获取国家补贴，他也没这个必要。政界的朋友在办事和决策时不允许有物质利益。在我的身边也从未发生过此类事情。

在与卡斯滕·马施迈尔的关系上，您恰恰受到了这方面的指责：先是他在竞选时用整版的广告支持您，然后他的金融咨询服务公司 AWD 就通过里斯特退休金制度获益。

事情并非如此。马施迈尔在州议会选举时做了一个匿名广告，广告语是"下一任总理必须是一个下萨克森人"。很好，广告很棒。此时，我根本就不认识他。我甚至还猜测是另一位企业家资助的这场竞选运动。而退休金辩论与这个故事则越发不搭界了。我始终认为，通过私人资助建立第二根养老金支柱是正确之举，也就是我们所制定的里斯特退休金制度。我的主张是，养老金的来源除了个人缴纳养老保险以外，要增强私人资本的组成——从今天的视角看更加具有意义。是否所有出售的养老保险产品都那么可靠，我无法判断。这也不需要由我来判断。马施迈尔的公司后来出售了此类产品，这是他作为企业家的权利。但他并不是唯一出售里斯特养老保险产品的企业，其他企业也在出售，而且企业规模比他大得多。

但是马施迈尔也买断了您的回忆录版权——其竞争者诬指是他对引进里斯特养老金制度的酬谢。

胡说八道。我们确实签署了一个协议，但那是在我卸任总理之后。他买下了版权，我本人就不需要与出版社直接谈判，也无须费劲找代理人了。

对马施迈尔先生来说，这件买卖是否值得？

我不知道，请你去问他。

您如今把他视为朋友吗？

我不是那种见到朋友或熟人遭受公开攻击时就保持距离的人。对待彼得·哈尔茨①也是如此，他至今还是我的

---

① 系指因受贿和性丑闻而辞职的德国大众汽车公司人事主管彼得·哈尔茨。施罗德在担任下萨克森州长时曾任大众公司理事会主席，与之交往密切。——译注

朋友，以后也不会改变。每个人都会犯错误，但是你因此而谴责他、疏远他，我认为这种做法不正派。我从来不干这种事。

您对您当年的律师所同事格茨·冯·弗龙贝格怎么看？他因为担任"地狱天使"黑帮案件律师而招来恶名，而且他可能是号称汉诺威"马狮湖黑帮"（Maschsee-Connection）的成员？

我认识弗龙贝格时，我们都是见习公务员，如今差不多已经40岁了。与他的办公室伙伴关系，则是在我当选总理时，因为我的律师资格必须停止，但我又不想放弃。现在我有自己的律师事务所，所以与弗龙贝格的办公室同事关系已经结束。

施罗德先生，作为一位政治家，为了不至于在生活中日复一日失去自我，是否需要有一个内心的准绳？抑或这是贵族商业年代的古板想法？

不，应当有准绳。我不是毫无理由地闯进社会民主党人行列的。对那些"生活在黑暗中的人"（贝托尔德·布莱希特语）来说，社民党的核心是争取社会公平和机会均等。让这些人能够体面地生活，这是我理所当然的分内之事。此外，准绳的内容也包括自由和团结救援的价值观。

您如今怎样准确地理解团结救援这个词？其界限在什么地方？

当一个人由于年龄、失业或生病的原因，而不能以其工作使其家庭体面地生活时，一个社会、一个政府必须伸出援手。我认为这一原则不可放弃。失去这一原则，社会民主就无从想象。但是，我们在2010议程中以"要求和促进"为口号阐述的核心内容，同样也是正确的：每一个个体必须坚持付出其能力所及——这也是团结救援的一部分。这与我所设想的人的尊严相关联：如果一个人走到哪里都指望别人照顾并抚养，他就有失去尊严之虞。我本人是无法忍受这种状况的：只要尚有余力，我将始终尝试自力自救。只有在没有任何可能性的情况下，我才会指望团结救援。没有权利懒惰。

这是您任总理时的一句名言，但是并非受到所有人的喝彩。

是的。但是这句话今天仍然是正确的。在一个自由的社会里，当然可以有这个权利，但是没有权利依赖施舍而偷懒。

批评者主要来自左翼，他们指责社会已经缺乏同情的能力……

这与同情心没有关系，恰恰相反。凡是不能自食其力的人，可以坚定地依靠团结救援——既是我的救援，也是社会的救援。

在德国，随着救济餐桌的兴起，如今已经形成了一个真正的济贫施食行业。教堂里已经发出了第一批警告声：这会使得贫困固定化，长此以往将不再完全是服务于有需求者，而更多的是让富人的良心得到宽慰。

如果有人是出于信念或内心驱使推动济贫餐桌，这种做法无可指摘。而强调济贫餐桌会使贫穷固定化的说法，则是胡说八道。济贫餐桌无法替代福利社会国家，但如果是作为后者的补充，我认为丝毫没有做错。

您作为基督教新教教徒，怎样看天主教教皇？您是否像许多顶级政治家一样去罗马觐见？

我曾多次去梵蒂冈，参加过约翰·保罗二世教皇的葬礼，参加过本笃十六世教皇的就职仪式。第一次是1995年，当时我是下萨克森州的州长，成为时任社民党主席鲁道夫·沙尔平的竞争者。沙尔平是应意大利社民党的邀请，而我是私人觐见教皇，因为我们重新续签了下萨克森州与梵蒂冈的教廷条约。于是报纸报道称：沙尔平访问社民党人，施罗德访问教皇。那是一个有趣的故事。

您今天怎样定位您与天主教之间的关系？

很融洽。我的太太是天主教徒，所有孩子都接受了天主教洗礼。谁主要负责教育的责任，当然也应当决定宗教的定位，对此我没有问题。在下萨克森州，当我党的几个人打算从宪法中删除与上帝有关的内容时，被我阻止了。但是，我从来没有使用过"老天爷在上"的宣誓形式，无论在就职任何岗位时都没有说过。

……其他所有总理都这样说过，为什么您不说？

因为这正是基督新教的特征！基督在山上对门徒的训诫中这样说："你们只需说：是的，是的；不是，不是。凡是超出此范围的话，都是有害的。"

整个社会已经远离信仰，如今教堂还能对政治产生什么影响？

教堂是社会的一种声音，其立场对我来说始终十分重要。我坚信，信仰在生死攸关的一刻真的可以帮助你。当然，教堂作为一个场所的关联还是有限的。然而，我对这些宗教场所，尤其是对在这些场所内从事义务和职业工作的人，均抱有绝对的尊重。因此，我认为倾听他们对某些问题的看法十分重要。没有教堂，社会会比较空虚。那些在医院里以护士或修女的身份终生奉献仁爱服务的人，理应赢得尊敬。教堂在历史进程中曾经长期代表着令人难以忍受的立场、之后又不得不自我修正的事例，则是另外一个问题：被称为"拉皮条－条款"的第175条款，惩罚同性恋者的条款，禁止堕胎的第218条款。直至今天我们还在为一些过时的规定来回扯皮，首先就是关于教堂特殊劳工法的问题。这种特权建立之时，德国天主教慈善机构Caritas和基督教慈善机构Diakonie还不是超级企业。如今着两个机构已经是巨型企业了。

在德国，教堂如今已经成为最大的企业主。

正是。因此教堂也应当遵守正常的劳工法。一个离婚女子也应当可以在天主教幼儿园工作。这类规定至今还没有取消，实在是有些怪异。这种歧视性禁令应当取消。

您始终推崇一句口号："首先是国家，然后是政党。"在不同的政治阵营中，允许有多少共同点？究竟哪些争议对民主至关重要？

在我国基本法中明确规定的自由民主基本制度当然是不容讨论的，国际协议中规定的义务也不容辩论。这些都是我们称之为国家利益至上原则的基础。此外还有一些问题关系到人的体面，尤其是关乎人际交往。这些问题当然可以在议会中进行辩论——冷酷无情，但是公正正派。一种成熟的民主体制必须能够承受这些。然而，政治上的诋毁和针对个人的污蔑必须禁止，例如威利·勃兰特不得不承受因其非婚生出身及其在斯堪的纳维亚流亡时期的作为所受到的个人诋毁。就连我们的民主体制中此类毫无品位的无理攻击，居然也不能进行回击或者进行质疑，这种现象就十分值得关注了。

您认为在纳粹独裁结束 70 年后的今天，民主正在受到某种方式的威胁？

不，我没有看到这一威胁。在每一个社会中，都存在着右派生存的土壤，德国也不例外。但是，真正危险的不是这一点——之所以不成其为危险，原因之一是德国的媒体对种族主义和反犹太主义毫不犹豫地口诛笔伐。民主的意识已经在我国社会深深扎根。然而，如果像"国家社会主义地下党"这样一个右翼恐怖主义组织的凶残行为，居然能够长时间地几乎不受到任何干预，则理所当然十分糟糕。但是，法治国家不可容忍此类犯罪，凶手必须被送上法庭。对过迟抓捕负有责任的不作为弊端，必须由调查委员会予以立案调查。这个国家不允许刻意隐瞒真相。诚然，即使在我国这样的民主体制下，有关机构也会发生人员失误和错误。这种现象或许永远也无法根除。

第四章
德国在世界上的地位

施罗德先生，如今德国在外交政策上的表现究竟可以有几分自信？

德国当然应该自信地表现。但是，这并不意味着要炫耀，更不要胡乱叫嚣："按德国模式重塑世界"。自信是为自己取得的成就感到自豪，是在维护自己的利益，而不是去管束别人或教训别人。德国值得自豪的是：拥有完好的基础设施，政治稳定，受到全球尊重的经济实力；拥有一个理智的教育体系，一个理智的社会体系，一个理智的健康体系。归根结底是一个良好建设起来的国家，尽管在细节上仍然可以挑剔批评。

因此可以充当欧洲的领袖角色？

不需要刻意地矮化自己。德国是欧盟范围内最强大的国民经济体。由于这一潜能，加之国际社会的期待，领导角色就落到了德国肩上。此外，因为我们对伊拉克战争说了"不"字，所以在美国面前变得比较独立了。当然，人们还是期待德国持克制态度。因为这与我们近期的历史有关联，尤其是与纳粹给全欧洲带来灾难的暴力统治有关联。德国有能力并有必要充当领头羊，但是德国必须时刻清醒地知道，领头羊必须尊重欧洲其他小国。

因为您已经提出了自信的高调，那么我要问，在欧洲以外究竟有多大施展空间？自信高调会产生一切后果，包括把德国士兵送上战场？

在统一前的联邦德国，我们有充足的理由在国际问题上保持低调。波恩曾经以疑虑的口气指出："亲爱的北约伙伴们，如果你们采取国际行动，我们很愿意提供财政份额，但是请给予理解，我们是一个分裂的国家，我们只拥有有限的主权，我们必须对第二次世界大战承担责任，因此我们不能参与军事行动。"

以前被人称为"支票外交"……

……实际上各界联邦政府都采取这种态度。自从德国统一之后，重新拥有了完整的主权，因此这一政策已经不能继续下去了。我们已经成为正常的伙伴——拥有同等权利，也负有同等义务。我们必须注意到这个新的态势。联邦宪法法院已经通过多个判决清楚地表明，德国采取克制态度是可以理解的，但在法律上并无必要性或必然性。

您刚刚出任总理就面临严峻问题：是否要派遣德国士兵去科索沃？这是第二次世界大战结束以来的第一次……

1998 年，我在出任总理之前就与约施卡·菲舍尔一起晤谈了联邦总理科尔、国防部长吕厄和外交部部长金克尔。我们发出了这种信号，即我们可以考虑共同承担此类干预行动的责任，也就是延续上届联邦政府的路线。后来我们确实这样做了。对我而言，决定性的考量是避免任何针对我们对北约盟友忠诚的怀疑：红绿联盟将以更加严峻的目光观察世界。我们必须证明自己是可靠的、可信赖的伙伴。

即使在联合国没有授予这一行动合法性的前提下？

缺乏合法性确实会成为一个问题。当时的安理会决议被俄罗斯阻止了。然而，为了阻止人道灾难——无疑是在实施种族驱逐方面——北约仍然决定干预。全社会关于这一问题的激烈争论得到了缓解，也不可能期待是其他的结果。于是，社民党与绿党一下子成了好战分子。如今我们可以断言了，不过当时我们并没有预见的是：我们对于北约联盟的态度和参与科索沃作战的明确立场，构成了我们后来在伊拉克问题上采取独特立场的前提条件。必须综合看待这一问题。我们对科索沃和阿富汗的干预行动采取了赞同立场，而阿富汗行动得到了联合国安全理事会给予的全面合法性。此外这也是符合北约协议第 5 款的一个明确案例：美国于 2001 年 9 月 11 日在本国领土上遭到恐怖主义者的袭击，随后在阿富汗找到了恐怖分子的庇护者。

您主政时的国防部部长彼得·施特鲁克曾经说过："德国的安全也需要在兴都库什山脉得到保护。"您是否喜欢这个说法？

我的论据不一样，纯粹出于联盟政治的考虑。参与阿富汗"持续自由"作战行动，是德国联邦国防军历史上的第一次——这是基于北约联盟义务的明确案例。我当时就曾经说过，在这样的事态下，我们每个联盟伙伴都必须无限制地团结一致。如果我们德国遭到袭击，我们会对美国抱有什么期待？当然别无二致。联盟的意义正在于此。如果我们不参与，德美关系就会毁于一旦。因此，我以信任案方式在议会贯彻这一决定。我从不相信会在阿富汗建立起某种纯粹意义上的威斯敏斯特民主形式[1]。英国人 19 世纪在阿富汗失败了，后来俄国人也失败了。这就意味着，

---

① 系指英国议会威斯敏斯特宫所代表的"民主政府"体制。——译注

尽管进去比较容易，但是再想出来就难了。

如今所做的一切，是将这个国家的责任重新交到阿富汗人手中。目前我们仍然处于这个过程中。

您当时对参与行动的理由也采用了人道主义论据，采用了拯救女子学校之类的说法。

人权问题当然也扮演着一个角色。建立女子学校也很重要。然而，最重要的理由是联盟政治的合法性。有了这些经验之后，我们才能够对拒绝出兵伊拉克做出令人信服的解释。只有当我们以在科索沃和阿富汗参与行动表明了我们的联盟忠诚之后，菲舍尔在美国人面前才有可能说出那句名言——"我没有信服（I am not convinced）"。

菲舍尔当时在说"不"的时候是否有些过火？

当时，我已经确定说不，我们之间已经协调过立场了。也就是说，他的表态空间是在我们商定的框架之内。如果有证据表明基地组织也在伊拉克活动，那么我们就会面临论证困难。那样的话，就存在双重衡量标准了。之所以没有面临这样的局面，是因为在 2002 年的整个过程中，基地组织并没有在萨达姆·侯赛因的伊拉克扮演过值得一提的角色。由于军事干预的最初理由已经站不住脚，所以美国政府转而寻找一个新的理由，于是声称在伊拉克找到了大规模杀伤性武器。由此产生了一场激烈的争论。

您在这场争论中对联合国核查员布里克斯（Blix）的信任程度超过对美国人。

是的，我十分信任汉斯·布里克斯，他是联合国军备控制专设委员会的首席核查员。他强烈怀疑伊拉克是否真的存在此类大规模杀伤性武器。当事态表明干预的第二个理由，也就是大规模杀伤性武器这个理由也不确定时，华盛顿政府又找出了军事干预伊拉克的新理由，开始越来越密集地宣称要"更替政权"，也就是推翻萨达姆·侯赛因。

于是我们说，这些理由不足以发动一场大规模军事行动，我们不能参与。之后，我们面临巨大的公众压力。事实上所有德国媒体都指责我们，认为我们摧毁了德美关系，置疑我们的联盟义务态度。大多数德国媒体希望我们支持美国人干涉伊拉克。

但是马路上的舆论却明显地站在您的一边，起初估计有80%的民众反对伊拉克战争。

或许是这样。但是，为了沟通，为了与民众对话，政治家需要媒体。因此，我们不能忽视媒体的动向。当时的政治态势很严峻。再强调一遍：我们在巴尔干和阿富汗出于不同的原因参与了行动这一事实，免除了我们与美国人展开争论的麻烦，因为没有人能够指责我们习惯于沉默的和平主义，指责我们的行为缺乏伙伴精神。这

一关联至关重要。第二个问题是：谁可以成为我们能够
设想的伙伴？

您需要盟友？

必需的。后来成为我们在这个问题上最重要盟友之一
的法国总统希拉克，开始时有些迟疑。2002 年内，我们会
晤了多次。他举棋不定。于是，后来我与普京谈了话，他
自 2002 年春天起成为俄罗斯总统。他说，他倾向于反对，
但是还没有最后确定。他的立场后来也产生了变化。2003
年 2 月初，我在柏林会见了普京。之后，他去了法国。他
与希拉克在那里就联合国安理会上投反对票一事达成了理
解——也明确地代表了我的态度。由于我们当时是这个关
键性理事会的非常任理事国，加上中国已经发出了反对伊
拉克战争的信号，于是我们有了强有力的伙伴国。我们不
再孤立。

我们当时主要在两点上意见是一致的：第一，必须给
联合国派出的武器核查员以足够时间。第二，只有通过联
合国安全理事会的相关决议才能考虑军事打击伊拉克的可
能性。以美国总统乔治·W. 布什为首的赞成派，则希望
尽快进行军事干预。布什也有强有力的盟友。英国首相布
莱尔从一开始就摆出了跟着美国人走的架势。于是，欧盟
内部出现了一条鸿沟。在一封公开信中，最终有 8 个国家
站在干预派一边，除布莱尔以外还包括西班牙、意大利、

葡萄牙和捷克的国家元首和政府首脑：何塞·玛丽亚·阿斯纳尔，西尔维奥·贝卢斯科尼，罗泽·曼努埃尔·巴罗佐，瓦茨拉夫·哈维尔。

在欧盟峰会上浪潮汹涌：希拉克相当粗鲁地批评美国的盟友，对那些政府首脑们大吼大叫，要他们"闭嘴"。

是的，希拉克的态度十分明确。法国人的反对和美国人对此的反应，确实有几分怪诞的味道。对我们德国人来说，这是一个摆脱美国人控制的过程。我们国家在那几个月里成长起来了。

您现在说德国成长起来了，但是一开始您是把伊拉克当作竞选题目的，反对战争使您确保了 2002 年再次当选。因此有人谴责您反美是出于内政考虑。

这种谴责是站不住脚的。在德国，外交政策问题究竟能不能决定选战结果？这一问题暂且不谈。当时，美国人的说法和做法相去越来越远。布什与我见了两次面，也就是 2002 年 1 月我访问华盛顿和 5 月他访问柏林时，他当时明确无误地对我说，他根本就没有军事打击伊拉克的具体计划，一旦要是有了，将会和我协商。再则，决定性因素应是把联合国拉进来。这一立场我早在竞选前就已经公开确定，在竞选期间当然不能够、也不愿意从这一立场上后退。我当时不得不承受的压力十分惊人。

您刚当选总理之后就曾抱怨您的前任赫尔穆特·科尔准备不足，尤其是在外交政策问题上。

我没有抱怨过前任"准备不足"，尤其不会抱怨外交问题，因为只有上任以后才开始学习外交事务。当然，我对外交课题并不完全陌生。在担任年轻的联邦议员时，在担任在野党领袖时，尤其是在担任下萨克森州州长时，也就是从 1980 年开始，我一直在接触外交事务。不过，外交政策究竟能够并且必须达到什么样的目标，我是在担任联邦总理以后才开始学习的。

埃贡·巴尔在他的回忆录中对比了威利·勃兰特从柏林市长向外交部部长的角色转换，认为他从稳固的中产阶级上升到了国际康采恩的顶峰。

可以这么看。不过，在当年的时代背景下，柏林市长在外交政策方面比现在强得多。勃兰特当年曾经接待过美国总统。柏林位于冷战的近端，被称为前沿城市，对其首脑制定外交政策的要求要比各州州长更高。对联邦总理府的新人来说，外交部是不是一个真正的好机构至关重要。我很幸运，找到了一个熟悉其手艺活的外交政策顾问。

再回到伊拉克问题：大选由此获胜了，但是，一旦联军找到了大规模杀伤性武器，又该怎么办？

那我就辞职。

如今您的感觉是得到了历史的证实？

没有这样的感觉。我非但没有感觉到满足，反而把伊拉克战争视为现代历史上悲惨的一页。对此负有责任的那些人，虽然知道他们是为什么进去的，但是没有想到将怎样出来。当局势一片混乱时，我向美国总统发出了信号：无论我们的立场有多么不同，但如果是为了建立一个稳定、民主的伊拉克，我们当然愿意伸出援手。乔治·W. 布什接受了我们的善意，把詹姆斯·贝克派来柏林。贝克早在老布什当政时期就担任国务卿，如今的使命是为了使伊拉克恢复元气而免除其债务。我们赞同了他的建议。

应当如何设想您面对伊拉克问题时，在决策前所承受的压力？

曾经遭受过蔑视。您不妨回忆一下美国国防部部长拉姆斯菲尔德拒绝与德国国防部部长施特鲁克握手的场景，也可以回味一下他使用过的"老欧洲"这一贬义词。不过，通常美国的压力很少是直接表述出来，而是通过德国媒体进行释放。

不会是美国政府操控的吧？

不是。不是操控，而是被一种跨大西洋的恐怖倍增器所驱动的，即担心德美关系受到持续伤害。这种气氛用不着白宫或五角大楼亲自打电话来促成。默克尔女士居然飞到华盛顿，以表示与联邦政府立场的切割。这是一种失检的行为。

即使美国人没有直接施加压力，至少也曾在私下会谈时试图说服您吧？

在我们说过不参战之后，没有再做过尝试。只有唯一一个同行曾经尝试对我们的立场产生影响，那就是西班牙政府首脑。但是，阿斯纳尔在 2003 年 2 月所做的努力没有成果。

除了阿斯纳尔，真的没有任何人尝试过改变您的态度？

没有，阿斯纳尔是唯一一个。托尼·布莱尔任何时候都没有尝试说服我，让德军参与伊拉克战争。而我本人，却从一开始就能够理解他的立场，因为英国与美国之间存在着传统紧密关系，从英国首相的角度来看根本就没有其他选项。

相反，反美立场在德国可以确保获得反响。当时，反对"坏牛仔"布什的呼声很有市场。

为了公平起见，我要坚持自己的说法：我对乔治·W.布什的看法从来不像德国公众普遍认为的那样。他是一个容易相处的人。这一点有助于我们彼此丢掉伊拉克危机期间发生的龃龉，重新恢复良好的工作关系。布什总统——和夫人——2005 年 3 月再次访问了德国。原本没有这个必要性。总的来说，较之他的前任，与乔治·W. 布什打交道可以更为坦率，尽管我与比尔·克林顿在许多政治问题上的立场当然一致得多，私下里我们也还合得来。布什的举止比较谦虚，俗话说就是并不刻意摆出超级大国化身的架势来。而克林顿则始终让我们感觉得到，他是美利坚合众国的总统。他有一种坏习气，令我们欧洲人相当恼火。

他有哪些表现？

比尔·克林顿常常迟到。不过，不是迟到一刻钟左右，而是常常让我们等将近一个小时。布什不会这样。他始终懂得怎样营造一个宜人的气氛。关于针对布什的评论，我毕竟还是要强调一点：凡是能够从美国竞选中胜出的人，必定具有政治家的风范。他拥有针对不同棘手问题进行研判、做出决策的能力，但这并不意味他不会做出错误的决策。

德国虽然没有公开参与伊拉克战争，但是间接给予了支持——至少后来有人这样谴责您。

我们一直强调：我们反对伊拉克战争。但是我们从来没有说过：我们退出北约，或者我们要质疑德美关系。我们保护德国美军驻地完全是理所当然的义务，尤其是在那么紧张的态势下。我们没有向公众隐瞒过任何做法。我们宣布过这样的保卫措施。

这些措施不算是参与战争？左翼党是这样批评您的。

不算。那种批评是不恰当的，况且是脱离实际的。因此可以说，左翼党无论过去还是现在都不适宜联合执政。不管怎么说，美国人毕竟还是我们的结盟伙伴。正因为如此，我们不能驳回其飞越领空权的申请，更不用说拒绝其要求保护美军驻德军营的请求了。在 2011 年 9 月 11 日之后仅仅一年半，我们真的能够回答说：你们的安全关我们什么事？

那怎么看德国联邦情报局在伊拉克的行动呢？

同样道理。难道我们可以对一个友好国家说：由于你们做出了错误的决策，所以我们要把对你们士兵的安全来说至关重要的信息隐瞒起来？不能这样做，我们也不想这样做。

您现在称美国是朋友。威利·勃兰特时代的说法是：美国人是伙伴，欧洲人是朋友。语调是不是有所变化？

不，我不会这样说。再说，不要忘记封锁柏林的那个年代，美国人对联邦德国来说超过了伙伴的角色。

一个窃听我国最高层的伙伴！您原本相信美国国家安全局窃听丑闻是真的吗？

美国国家安全局窃听丑闻尤其令我感到惊讶的是，他们窃听了那么多的对象。各国之间相互搞情报原来不算什么新闻。但他们居然窃听联邦女总理的电话，这就确实有些离谱了。除此之外，我一向认为各国都会试图了解其他国家某一决策的背景情况，无论这个国家友好还是不友好。

您是否料到在阿富汗战争阶段也会遭到窃听？

当然有人会试图找出我们拒绝参加伊拉克战争的动机。其他所有想法都是脱离实际的。以往派出间谍，如今使用技术。而美国人基于其技术潜力而拥有竞争优势。真正的丑闻在于窃听了这么多人，令人回忆起乔治·奥威尔《1984》①书中描写的场景。对这种现象必须有所作为。

对您来说，揭露美国国家安全局丑闻的爱德华·斯诺登是一个英雄，还是如美国人所斥责的那样是一个国家叛徒？

我对他角色的判断，要比美国人正面得多。

换了您您会批准他的避难申请？

首先，对斯诺登来说，能够找到俄罗斯这样的一个国家是一件好事，俄罗斯至少暂时批准了他的避难申请。德国政府没有这样做，我可以理解。如果我依然在任，或许也会做出同样的决定。否则，将意味着好不容易修复的对美关系严重破裂。但是，联邦政府可以通过其他方式为他做些事。可以将他自由地护送至第三国，例如巴西。

---

① 《1984》是英国左翼作家乔治·奥威尔于1949年出版的长篇政治小说。书中刻画了一个令人窒息的恐怖世界。在假想的1984年间，世界被三个超级大国所瓜分——大洋国、欧亚国和东亚国。三个国家之间战争不断，国家内部的社会结构被彻底打破，均实行高度集权统治，当权者以具有监视与监听功能的"电幕"控制人们的行为，通过宣扬对领袖的个人崇拜和对国内外敌人的仇恨来维持社会的运转。——译注

您本人如何评价美国？

至于我本人，我不得不承认，我对美国并不十分了解，也不愿意在那里生活。我是一个坚定的欧洲人，我可以在任何一个欧洲国家生活，首选南欧，但是不会选择美国。这一切与我是否敬重美国毫无关系。美国有吸引我的地方，例如其经济的巨大活力，美国人办事的务实态度，人际交往的直言不讳。

你们这一代人，也就是经历过 1968 那个年代的人，对美国的态度有几分矛盾：接受美国的生活方式、波普文化，但是反对其政治体制。

我年轻时当然反对越南战争。但我不是波普文化的追随者，与之毫无关系。

您在哥廷根当大学生时，至少接触过抗议集会时的音乐吧？

没有，我对音乐兴趣不大。我在大学时代看过的唯一一场大型音乐会，是都柏林的爱尔兰民谣音乐会。这个我喜欢。

从音乐回到现实政治：您如何评价美国人在当今世界扮演的角色？美国正在向太平洋进发、离开欧洲？

美国人也把自己视为太平洋大国，这并不是什么大新闻。对此，建议您读一读亨利·基辛格写的那本关于中国的书。美国人以特殊的方式研究中国，这也很正常，因为中国是美国最大的债权国。两个国家之间的依存度之高，超过了公众议论的程度。中国的出口产品需要美国市场。美国需要向中国出售国债券，以支付其国家债务。两国之间相互割裂的关系发展方式有些奇特。中国人赞叹美国的经济实力及其世界大国地位。反之，美国人对中国人民的创造能力给予高度尊重。两国都在某种程度上感觉到相互依赖。您不妨设想一下，如果当年中国人在莱曼兄弟危机时向市场抛售一部分其拥有的美国国债，将会带来什么后果！

那样的话也会给中国人带来损害：如果美国国债不值分文，首先会伤害到中国自己。

的确。当时我正在中国，向时任总理和我同期的老同事都提出过一个问题：为什么你们不把美国国债卖出去？他们的回答只是：我们为什么要卖？这样做也会伤害我们。当美国经济出现困难时，对中国产品的需求也会同步下降。中国以理智方式处理美国国债来确保本国出口利益，这一点也符合美国的利益。中国人于是做出了一个聪明的决策：他们没有与美国国债进行切割，而是在本国国内推出了一个强有力的经济复苏计划——它不仅有利于中

国自身，而且对德国的出口经济也颇有助益。中国领导层
在金融危机中表现了高度理智的外交政策和经济政策，这
一点必须予以公认。

**与超级大国美国和中国相比，欧洲的位置在哪里？欧
洲大陆的全球意义正在下降吗？**

要想在经济和政治上达到相似的水平，欧洲必须首先
做到以下三点：第一，我们必须加强欧洲一体化，推进到
政治联盟；第二，欧盟应当吸纳土耳其；第三，我们需要
与俄罗斯建立联系国关系。这三个核心点，可以决定欧洲
未来是否能够扮演全球角色。

**土耳其加入欧盟的条件成熟了吗？这个国家至今还没
有建立西方模式的民主。**

为了把国家导向欧洲，土耳其总理埃尔多安已经做了
很多事：曾经的军人独裁统治已经结束。经济在过去十年
内实现了巨大的跨越。但此外还有很多不足之处，例如缺
乏包括在物资上给予基督教教堂所需一定活动自由的意
愿。这种现状必须改变。也要消除在法治国家方面的缺
陷。这是入盟谈判的核心内涵。我们欧盟设定了必须达到的
标准，土耳其只有符合标准才能成为欧盟成员：例如民主、
法制、经济开放。不过，有一个观点在我看来尤其重要：土

耳其是一个能够把非原教旨主义伊斯兰教教义与欧洲启蒙运动价值观融合到一起的社会——这一目标已经部分达成了。

这个国家最近以来是不是又偏离启蒙理想、向宗教激进主义方面发展呢？

可以这么看。我不太确定。我更加担忧的是，土耳其政府的几项决策将导致其自身的政治成就得而复失。在平等地位问题上的宗教热情，与正在融入欧盟的土耳其角色不太相符。对一些受到良好教育的年轻人的参政议政愿望持拒绝态度，违背了土耳其的宪法原则，也会损害其经济魅力。在保持司法独立问题上同样如此，尤其是在打击腐败的斗争中。

有人认为土耳其根本就没有资格进入欧盟，看样子这种说法是有道理的？

不，恰恰相反：如今继续推动入盟进程至关重要，因为这一进程使得土耳其有义务一步一步接受我们的价值规范。我们必须阻止这个国家转向中东，阻止它更加强势地向东、向南，而不是向西、向欧洲转向。一个参与欧洲一体化的土耳其，可大大提高其安全程度。此外，我们现在经历的是作为国家利益至上原则的凯末尔主义①被取代的

---

① 土耳其首任总理凯末尔（Mustafa Kemal, 1881－1938）发起的运动，主张在政治、文化上脱离伊斯兰思想体系，学习欧洲并实现现代化。——译注

过程。凯末尔主义是一种少数派的意识形态，但被整个社会接受。在八九十年前，凯末尔主义给土耳其社会带来了现代化的巨大推动力，虽然是以武力手段强行推动的。在军人统治之下，一个具有西方倾向的精英阶层得以发展。宗教被称为私人事务。但是，只有通过军人的不断干预，凯末尔主义才得到保障。原因是，当时社会存在着强大的反抗力量，例如对现状不满的农民，争取更多权利的庞大的库尔德人族群，发展空间受到限制的城市中产阶级。埃尔多安的成就是把所有这些力量统合在伊斯兰教之下，并将之与西方现代精神结合在一起。他剥夺了军人的权力，重建了政治凌驾军事的特权。于是，经济增长出现了难以置信的势头，与库尔德人开始了和解的进程。这些都是可以大写特写的巨大成就，可以说，埃尔多安把土耳其变成了比较民主的、更加适合于欧洲的国家。

有一种恐惧伴随着入盟问题：届时会有数百万年轻的土耳其人涌入德国。

第一，这一担忧是没有理由的。您看一下土耳其的经济状况：过去几年内取得了平均 6% 以上的增长速度。因此，不必担心出现移民浪潮。目前我们经历的是一个相反的变化：高素质土耳其裔德国人正在外流。当务之急是根本性地改善土耳其裔年轻人的处境，无论他们是否已经成为德国籍。我们必须为这些年轻人提供教育。他们必须拥

有公平的晋升机会。我们必须达成这一目标，而且是出于
自身经济利益的驱使。为了维持我们的生活水平，我们需
要一体化进程和外来移民。

**土耳其能够成为其他伊斯兰国家的榜样吗？须知，阿
拉伯之春已经失败了。**

西方对阿拉伯之春充满了巨大的期待，坦率地说：期
待太大了。在社会现实条件下，这种期待根本不可能实
现，或者只能部分地实现。埃及和突尼斯的态势已经表
明，社会上确实存在着一部分时髦的、开明的人，他们要
求更多的权利。但他们是少数派，而大多数民众却是传统
的保守派，他们拥有很强的宗教信仰，在大多数情况下能
够决定选举结果。

**为什么西方坚持不肯承认埃及发生的政变是一场军事
政变？**

当然是一场军事政变，根本就不能称之为别的什么。
在我看来，西方的做法明显是另有所图。

双重标准？

我更愿意这样表述：在民主和人权问题上，西方在全

世界采取了不同的标准。在一个国家会遭到强烈批评的做法，在其他国家却可以视作平常。这种做法很成问题，可以称之为伪善。

利比亚的局势似乎也在失去控制。民兵武装正在作战，中央政府表现无能。西方的军事干预是一个错误吗？

我对德国联邦政府的做法……

……德国政府在 2011 年联合国安全理事会上投了弃权票……

没有持批评态度，既没有在决策时提出批评，也没有在事后提出过批评。军事支持的做法究竟是否正确，眼下还无法判断。对一位政治家来说，如今已经无须回答这一问题，因为军事干预已经发生，现在的问题应当是如何善终。从我们欧洲人的利益来考虑，应当避免出现从突尼斯、利比亚、埃及到叙利亚乃至于伊朗的不稳定带。我们必须密切关注该地区的形势。

欧盟和卡扎菲曾经有过良好合作。他控制了穆斯林，阻止难民穿过地中海，可靠地提供了石油和天然气。与穆巴拉克的合作基本相同。西方曾经向他献媚，您担任总理时也讨好过他，而他则保障了局势的稳定，没有骚扰以色

列。说得夸张一点：如果他们现在仍然掌握着权力，是不是会好一些？

不，我不相信。社会发展的大势，例如阿拉伯之春这类事件的爆发，是无法视而不见甚或以强力制止的。至于与穆巴拉克和卡扎菲的关系，是的，我们曾经合作过。当然必须这样做，否则能够与什么人合作？全世界有190多个国家，我猜测，只有不到一半的国家符合我们对民主的设想。另外一半国家与我们的世界观并不相符，难道我们应该中断与它们的接触？这样做根本就行不通，这样做也没有多少意义。面对一个国家、一个政权、一个掌权者，你越是对其实施孤立，你对其影响力就越是微小。所谓"通过接触促使转变"，说的就是这个道理。往往只有通过长期努力才能达到转变的目的，所谓小步慢进。我知道，有时会显得进展太慢。

为什么俄罗斯人在叙利亚冲突中如此横加阻挠？

事实上，在改变其叙利亚政策之前，俄罗斯等待的时间太长了。这与在利比亚作战的经验也有关系。作为联合国安全理事会的常任理事国，当时俄罗斯并没有使用否决权。但是，美国、法国和英国对决议的解释可以说十分富有进攻性，至少不是俄罗斯人所乐见的那样。莫斯科不想重蹈覆辙。可以把这一反应视为缺乏互信的结果。

您认为德国在调停类似叙利亚危机这样的国际冲突时应当扮演什么角色？

联邦总统高克在 2013 年曾经正确地抱怨过，认为德国承担的国际责任太少了。他不光是指参与军事作战问题，而且也包括究竟应该提供何种外交贡献，以和平解决此类国际冲突。从我的任期开始，德国作为欧洲中等大国承担了更多的国际责任。重点在科索沃、阿富汗和伊拉克问题上。已经没有退路了。只要国际上存在着对德国的期待和要求，德国就不能再回避自身的责任了。

第五章
社会开放程度如何？

施罗德先生，从您的角度看，社会的开放程度怎么样？

这个问题过去始终在政治上触动着我，今后会继续牵动着我。人生阶梯究竟怎样才能通过教育得到攀升？是否能够通过政策制定，使得那些跟我一样并非出生于社会特权阶层的人，借助教育打开人生阶层攀升的机遇之门？怎样才能给那些并非像我这样生来就拥有雄心的人——无论他出于什么原因——脱颖而出的机会？有一点始终在驱使着我：创造一个这样的环境，使得每一个女子和每一个男子都有机会在德国接受高等教育和最高教育，而不必依赖于父母的钱袋子。那句古老的工人名言"知识就是权力"，始终令我神往。这句话的意思是：只要你学习，就有机会出人头地。这句工人名言，我亲身体验过。

但是时至今日，这句话仍然能够成为现实？

2001 年出台了第一个国际中学生成绩比较研究报告（Pisa-Studie）。报告对比了各国学生的在校学习成绩。研究结果令德国民众震惊。并不是因为国内各个州之间差异这一事实——这一点早就尽人皆知了，而是因为我们国家距离一个开放社会的差距如此之大。我从来就不敢相信，德国孩子的学习成绩居然如此明显地取决于于家庭出身。在国际对比中，我们的排位居于末尾几位。

您当时已经承担政府责任。您是否采取了足够的措施来纠正这一错误发展方向？

以联邦总理的身份？那是非常困难的，因为教育政策如今已经成为各州的事务了。不过，在各州 2006 年开始完全自主决定教育政策之前，联邦政府还是拥有一定程度的政策余地。于是，我们在制定 2010 议程时加以利用，政府掌握了 40 亿欧元经费，对建立全日制学校起到了强有力的推动作用。令人惊讶的是，各州居然也有反对的声音。于是，我们就把资金直接发到乡镇，帮助当地增加托儿所的床位。我们也拨款数百亿欧元为移民儿童开设语言课程，因为会说流利德语的移民才能在学校和劳务市场拥有机会，不会德语的人只能在门外等待。在学校里，在行业联合会内，在劳务市场上概莫能外。也就是说，学习德语至关重要。

这个联邦计划取得了成效？

当时是在联邦层面有限的权力框架内进行的改进尝试。所做的努力是否充分，我表示怀疑。尽管专家们认为此举取得了进步、教育水平有所提高，但是在一体化进程中我们还有很大的缺陷需要弥补。如今，这已经成为各州州长和文化部部长的任务了。每一个人都必须清楚：如果提供的教育机会不够充分或教育质量不够好，就会危及社会的开放程度，通过努力尤其是教育实现人生阶层攀升的途径就会受阻。我认为这是一个影响深远的问题。

怎样才能阻止这一态势的发展？怎样才能施惠那些有经济依赖的年轻人？

实际上只能通过学校和一项针对急需者的助学计划。为此，我们需要出色的学校员工、心理学者、社会工作者、教育者。我们当然需要受过良好教育的男女教师，他们应当掌握和熟悉课程教材，并且了解每一个学生的弱点和强项。我十分尊重那些敏锐的教师，他们能够察觉到：这是一个有潜质的孩子，尽管他也许并非生来就有最佳条件，原因是父母的德语不太好或者经济负担比较重。这样的学生必须得到学习方面的援助。

这些话居然出自一个曾经辱骂教师是"懒蛋"的男人之口！

哦，我还记得很清楚。当时我是州长，正在接受一份学生报纸的采访，不小心就说秃噜嘴了。那是一个重大错误。我今天的看法当然不一样了，也许正是由于我那两个年幼的孩子使我加深了对学校和课程的了解。我也相信，我们施加给教师的负担太重了，有些超负荷。很快就有人议论说，我们现在面临一个社会问题，希望由学校来解决。如果愿意这样做——至少口头上赞成——首先需要有相应的师资力量。如今，所有教师中过半数人已经超过 50 岁。必须在学校里加速更新换代，否则这些要求就无法满足。

不少人认为，如今着手处理学校的问题已经为时过晚。助学计划早就应当开始了……

……说得也有道理。因此我主政的联邦政府开始改善对 3 岁以下儿童的护理工作。在那个时期，许多保守的人反对说：拉倒吧！把小孩子交给母亲照料吧！我认为，尽早把孩子交给幼儿园和托儿所照料是必不可少的。这比发放儿童抚养费更加重要。主要针对的是外来移民家庭和社会能力较弱的德国人家庭。然而，如果托儿所日益朝某种形式的教育机构发展，就必须具备相应的师资条件。在教师培训方面已经做了一些事，但是教师的收入还是太低。

越来越多的声音认为，德国正在退回到阶级社会。您会不会也赞成他们的看法？

问题不在于阶级的存在,而在于社会并没有变得更加开放。在德国,教育成就与家庭出身二者的关联程度仍然过于紧密。为了使德国重新获得更大程度的机会均等,必须将改善教育状况列为下一个改革议程的中心任务。必须沿着整个教育链增加投资——从学前教育到大学。长期目标必须是涵盖全民的免费儿童照料和免费教育。

根据 Allensbach 民意调查,出身宿命论正在年轻人中蔓延:他们不再相信自己能够创造奇迹。55% 的年龄在 30 岁以下的年轻人说:有的人生来就是上等人,有的人生来就在底层。

由此你可以看出,他们对我国社会缺乏开放性有着个人的体会。而这一切在 20 世纪 50 年代完全不同,因为战争导致一代人的损失,僵化的社会结构被砸碎。今天,在许多年轻人当中已经形成固定的经验:来自上层家庭的孩子,在学校里要比来自底层的孩子更加轻松。这是一个危险的发展趋势,意味着开放社会的终结。我们必须纠正方向,对教育体制进行相应调整。

如今,人们常常把高级中学毕业生的比例视为社会福利的标准:高等院校的毕业生越多,社会发展就越好。如果今天人均天资与几年前没有区别,真的能够指望每个年度的高级中学毕业生会越来越多吗?最保险的道路是不断降低要

求，直到有朝一日所有人都能够通过高级中学毕业考试。

反方意见是正确的：我们倒是必须进一步增加高级中学毕业生的数量。作为世界领先的经济大国之一和一个资源贫瘠的国家，德国对其国民的知识和能力要求很高。德国的未来取决于国民的脑袋。也就是说，我们必须维护和促进国民的知识财富。换言之，我国的未来取决于教育和培训。与其他工业国家相比，我们的大学生还是太少。在德国，每年大学生的比例只有46%，而经济合作与发展组织（OECD）国家的平均水平为60%。我们需要更多高素质人才、更多科学家，因为众所周知，我们缺乏技术人才。

您如何评价学校以外的德国教育水平？更好了还是更差了？

这一点有目共睹。首先，我们的双重职业培训体制受到全世界的重视，并被借鉴复制。西班牙、法国等国家并非毫无理由地开始出现很高的青年失业率，它们正在观察：我们究竟可以借鉴什么？我们的高等院校也不错，我们在横向普及方面做得很好。当然，美国在这方面拥有一座座灯塔：哈佛大学、耶鲁大学、麻省理工学院。但是再往后呢？美国各所大学之间的质量有天壤之别。而我们德国则不然；即使某个州的一所小规模大学，也有着稳定的教学质量。横向普及的教学质量至关重要。我们的当务之急是，让尽可能多的大学生获得高品质的教育。我们必须有针对性地促进这一点，使学生们获得平等的机会，从而使得那些年轻的天才留在这里，而不是移民国外。

在我任总理期间，我们认为我国高校不仅要在横向普及方面，而且应在尖端精英方面做出成就。我们想进一步改善研究工作。因此，我们在 2005 年启动了德国大学卓越计划（Exzellenzinitiative），向遴选出来的部分大学提供了近 20 亿欧元的资助。这一计划后来延长至 2017 年。如今再看一看：许多人现在都意识到，我们已经拥有在全世界居于领先地位的顶尖大学。以亚琛莱法州技术大学为例，它可以提供全世界最出色的工程师教育。

诺贝尔经济奖获得者达尼尔·卡内曼建议尽可能早地开放儿童教育，因为早期投入的资金可以获得最佳效果。但是幼儿园真的有利于孩子吗？儿科医生警告说，如果儿童过早离开母亲，会有不良后果。

在这一点上，我会保持现实立场：应当由父母自己决定，究竟什么时候开始教育为好。在儿童护理方面，也存在就业岗位的需求。越来越多的母亲生下孩子后想回归职业生活。她们应当能够做到这一点，因为她们是高素质的女员工，况且这直接关系到男女平等问题。也就是说，需求是有的，但是没有人强迫其把孩子交由国家照料。这是国家提供的条件，但不是母亲的义务。

那就更好啦！

正是。然而，提供儿童抚养费是错误的政策。没有必要这样做：没有一个职业女性会因为儿童抚养费而停止工作、放弃把孩子的照料托付给外界。也许恰恰是这些女性，因为其特殊的生活环境而认为有必要提前开始儿童教育。

如果富人家把孩子送去私立学校，您认为对社会的开放性意味着什么？通过与公立学校的竞争，是否能够把教育制度整体向前推进？或者如同左翼阵营通常所说的那样，私立学校会对机会均等构成一种冲击？

在德国，私立学校通常意味着：这个学校或者是在教堂的监护下，或者有着独特的师范设置，例如蒙特梭利学校①或瓦尔多夫学校②。这些学校都有生存权，因为教堂作为监护者的学校是历史形成的，而另一类学校的特殊教育

---

① 以意大利幼儿教育学家蒙特梭利命名的学校。玛丽亚·蒙特梭利，1870～1952年，是蒙特梭利教育法的创始人，其教育法建立在对儿童的创造性潜力、学习动机以及个人权利意识进行培育挖掘的基础之上。据说全球共有 20000 多所蒙特梭利学校。——译注

② 1919 年创建于德国斯图加特、以当地一家香烟厂瓦尔多夫·阿诗托利亚命名的学校。校长鲁道夫·施泰纳根据其人智学的研究成果，提倡"散养式"教育，给孩子以充分发展个性和才能的空间，成功地创建了一种特殊的教育体系。之后，凡是以这一教育理念办学的学校均被称为瓦尔多夫学校，又译"华德福学校"。——译注

体制则是国立学校所不能或不愿提供的。我在担任下萨克森州州长期间，始终致力于对这些学校给予国家支持。我强调指出：一所私立学校的质量并不超过一所优秀的高级文科中学或一所优秀的综合性学校①。但是在我看来，与选择私立学校还是国立学校这个问题相比，更加重要的是各个联邦州学校学生毕业水平的对比情况。各州文化部部长必须为此操心。我认为，高中毕业考试必须进一步增加透明度。距离全国高中毕业统一会考的道路还很漫长。但是，各州正在朝这个方向努力。我认为这个势头很好。

您的一个主张众所周知，即德国必须拥有一个精英团队。哪些人属于这个团队？

遗憾的是，精英已经成为一个不太闪亮的概念了，有点外交辞令的含义。尽管如此，我还是认为：必须有一些工作精英。必须有尽可能多的人才，他们不会只考虑：我应当为自己、为我的家庭、为我的生活水平做些什么？在我看来，精英必须具备两个特点：一是随时准备做出工作成绩；二是将个人的幸福置之度外，首先考虑为社会出力，因为这个社会为我的教育和晋升提供了可能性。我认为这种人是精英。

---

① 系指将三种中学类型即普通中学、实科中学和高级文科中学结合在一起的哲学——译注

热心社会是不可或缺的要求？

是的，我认为这很重要。可以在教堂里、党内，也可以在第三世界小组或体育联合会里——社会依赖于这些热心者，热心者维持着社会的向心力。因此，我倾向于将他们称为工作精英。人并非生来就是精英，而是取决于工作成绩和热心投入。

收入最多的人并不等同于精英？

当然不能。金钱给人以取得成就的印象，但肯定不是唯一的印象。一个国家的精英团队，当然包括作家，而那些作家虽然能够写好书，但并不光鲜亮丽，物质上或许刚刚越过贫困线。也包括社会科学家，没有人预测这类科学家会成为百万富翁。

赫尔穆特·施密特曾经评论说：银行家或基金投资人不能算作精英，因为他们是潜在的刑事犯罪者。您不会那么严厉吧？

当然有一些银行家称得上是名副其实的精英人士，也有一些银行家通过不道德或刑事犯罪手段把整个国家推向深渊。

有时给人一种印象，即那些精英也会担心受到特别严

厉的刑事调查——例如 **2012** 年底德意志银行在荷枪实弹的
警察包围和警车蓝光频闪下遭到了大搜查。

或许有些过度了。没有人相信法兰克福的银行家会开
枪抗警，但这般兴师动众的警方行动当然具有威慑效应。

第六章
俄罗斯以及与普京总统的关系

施罗德先生，为什么您对俄罗斯和俄罗斯人如此有好感？

这与历史有很大关系。作为联邦总理，我很快就意识到，变化多端的共同历史对我国与俄罗斯的关系产生了多么大的影响。德国在经历了两次世界大战之后仍然能够与俄罗斯成为最重要的伙伴，这一点对我而言几乎是一个奇迹。绝对不能忘记的是，苏联在第二次世界大战中有约3000万人失去生命，大多数牺牲者都应该记在德国远征军占领、掠夺和毁灭的账上。没有一个俄罗斯家庭幸免于难，几乎所有家庭都有着失去亲人的回忆。尽管战争已经结束70年了，但是就连年青一代的记忆中也深深地铭刻着那些经历。在同俄罗斯大学生讨论时，我一再感受到这一切。与此同时，他们却对德国有着巨大的好感。常常令我感到神奇的是，为什么会出现这样的现象。

您找到了什么样的答案？

首先，德国和俄罗斯之间有着数百年的紧密联系。这一传统可以追溯到 18 世纪。此外，俄罗斯人是一个非同寻常的民族，他们有着宽厚的心胸，时刻愿意原谅与和解。在经历过第二次世界大战的苦难之后，这种心胸绝非理所当然的品质。同样并非理所当然的是，一位德国联邦总理能够于 2005 年出席战后 60 周年纪念活动……

……作为联邦总理，您当时以贵宾身份应邀参加了战胜法西斯德国的阅兵仪式……

……是的，我与当年各个联盟国的国家元首并肩坐在一起，即俄罗斯总统弗拉基米尔·普京、法国总统雅克·希拉克和美国总统乔治·W. 布什。此举从一开始就具有高度好感的含义——一位德国联邦总理首次参加此类庆典活动。我们德国人发起了这场战争，但是各个战胜国却在 60 年之后将民主的新德国的代表纳入他们的行列。这不是这段历史的终结，而是以某种特殊的形式给予我国的国际认可。我在莫斯科也参观了一个德国战争和牺牲者墓地，会见了德国和俄罗斯的老辈军人。那些经历过战争惊悚的俄罗斯人，以毫无保留的姿态与我接近，所有人都表达了单纯的愿望：永远不再有战争！这一切对我颇有触动，通过这次经历，自然也奠定了我与俄罗斯的个人关系。

您个人的好感对德俄外交政策路线产生了多大的影响？

在外交政策上，个人好感不是真正的重要范畴。外交政策首先建立在国家利益和价值观上，当然也包含欧洲整体利益。历届德国总理都谋求与俄罗斯保持理智的、良好的关系。这些努力历来基于利益导向，但是在任何时候都不能忽视历史的观点。我始终记得，是康拉德·阿登纳愿意与苏联建立外交关系的诚意使得最后一批德国战俘被释放。当然，威利·勃兰特的东方政策和缓和政策也具有突出的意义，其核心内容是确认现行的边界。这一政策也得到了赫尔穆特·施密特的承继。有充分的理由可以强调：如果没有勃兰特的缓和政策，就无法设想德国的统一。赫尔穆特·科尔在这个基础上实现了统一，他与戈尔巴乔夫的密切关系也起到了并非次要的作用。也就是说，个人关系存在着某种延续性，对我们的国家不是一件坏事。

您是第一位、也是唯一一位领养了俄罗斯儿童的德国联邦总理。您的举动改变了德俄关系？

不，我的政策与这些私人事务完全没有关系。个人关系对外交政策不起作用。与普京总统的良好个人关系也不起关键性作用。当然，如果建立了信任关系，有些事办起来就比较容易，有些话说起来就可以比较坦率。然而，如果一位俄罗斯总统与一位德国总理坐在一张会议桌旁，身边簇拥着顾问和大使，之后还要在媒体面前亮相，双方就必须首先考虑本国利益。最理想的是各自利益能够相互重合，但事实往往并非如此。于是，必须寻求妥协，有时不得不谋求虚假解决方案，有时不得不忍受冲突。个人关系在其中没有位置。至于我为什么与俄罗斯保持密切关系，其中的政治原因则是另一码事。

您担忧欧洲的地缘政治自决权，对吗？

是的，我认为欧洲目前面临选择：要么变得无关紧要，要么通过一方面接纳土耳其进入欧盟、另一方面与俄罗斯建立协作关系而提高体量，从而在政治上和经济上具有与美国和中国同等的行为能力。这就是说，通过协作关系将俄罗斯与欧盟紧密联结在一起，等同于阻止俄罗斯将其兴趣转向亚洲地区的尝试。因为必须明确，欧洲在资源和市场方面别无选择，它离不开俄罗斯。莫斯科则可以选择其协作伙伴和销售市场。例如，在能源政策方面已经出现了瞄准亚洲，尤其是中国的趋势。欧盟作为一个关税联盟，也是视线内重新定向的一个选项。此外，不要忘记将俄罗斯、中亚和中国聚集在一起的上海合作组织。

您认为这对欧洲是一个危险？

当然，俄罗斯如今也有兴趣与欧盟及其成员，首先是与德国进行合作。克里姆林宫肯定不想切断与欧洲的联系。无疑，当今俄罗斯领导人并不是面向西方，而是欧洲。当它想到欧洲时，首先想到的是德国。这种状况会长此以往。中国将进一步加强对俄罗斯的外交努力，提供富有吸引力的市场，加大对俄罗斯的投资，垂涎俄罗斯国土蕴藏的资源。中国需要的那些资源，正是我们也需要的那些资源。所需要的不仅是石油和天然气，也包括工业生产所需的资源，如矿石、金属、稀土。有一句俗话说得好：先来者，先磨面。欧洲人现在还在磨面，尤其是我们德国人。如果我们与俄罗斯保持距离，就像许多人现在所做的那样，那么就好景不长了。

如果您让德国加紧朝东转向，是不是意味着要摆脱对美国人的依赖？您把此举视为欧洲的解放？

不，二者并不矛盾。必须相互孤立地观察这些态势。德国外交政策上的解放早就已经开始，即在我们对科索沃、阿富汗和伊拉克危机做出决策的时候。尽管我们较大程度地保持了对美国的依赖，但是北约作为跨大西洋联盟仍然是我们最重要的靠山。不过，这并不意味着要针对俄罗斯或其他某个国家。

有人这样解读您所推动的重点转向努力。

是的，但是这种解读是错误的。我认为，对俄罗斯发展合理的情感关系，与西方一体化的努力并不矛盾。到底哪里矛盾啊？相反：我记得与比尔·克林顿谈话时他一再强调，与俄罗斯建立良好关系恰恰是德国的任务。我也记得与乔治·W. 布什谈话时他总是询问我对俄罗斯的看法。

德国与俄罗斯的接近有助于西方整体？

是的，有许多实际事例可以说明。我们在拆除和销毁俄罗斯核材料问题上进行过合作。我们德国人在 2002 年加拿大 G8 峰会之前帮助俄罗斯接受了此类决议。俄罗斯实施裁军并安全地拆卸陈旧的核潜艇，这符合西方的利益。我们谋求与俄罗斯维持良好关系的努力，就连美国政治家也没有将其理解为反美意向。当我们与俄罗斯充满信任地合作时，当西方尚未尝试把俄罗斯作为东欧或中亚诸多冲突的唯一罪人钉在耻辱柱上的时候，莫斯科是有协作精神的。如今在特定情况下仍然如此。如今，欧盟甚或北约东扩至俄罗斯边界的做法已经不可设想。乌克兰的事例表明，一切已经变得何等复杂了。在我执政时期，包括赫尔穆特·科尔执政时期——我特别要强调一下，东扩还是可能的，因为我们消除了俄罗斯领导人的忧虑和不安。曾经是苏联一部分的波罗的海三国于 1999 年加入北约，2004 年加入了欧盟。当时俄罗斯接受了这一切。

在冷战时期，德国人与苏联人之间有着秘密渠道，埃贡·巴尔在他回忆威利·勃兰特的文章里对此做了详细的描述。是这种方式的秘密外交促成了统一？您当总理时仍然通过秘密管道派出过谈判者？

这些管道已经没有了。现在已经不用秘密交往了，因为完全可以公开坦诚地接触，包括政治、经济和公民社会领域。在此，我想起了由我和普京发起的彼德伯格对话。但是，如今该对话已经缺乏生机动力。我们欧盟与俄罗斯之间的关系，必须突破伙伴协议、合作协议的范畴，实现真正的联盟，也就是由国际法绑定在一起的关系，从而使得我们能够在免除签证等问题上再前进一大步。

您提到了与俄罗斯签署联盟协议的想法——一个雄心勃勃的目标。您是否感觉到朝这个方向已经有所进展了？

不，我认为欧盟委员会很谨慎，有些过于谨慎，因此反而助长了反俄的态度。

您指的是，通过欧盟东扩而在布鲁塞尔获得了席位和票数的那些国家，对那个昔日的霸权国家抱有强烈的保留态度？

当然与那些中东欧国家在第二次世界大战后经历的

历史性扭曲有关，它们受到过苏联的占领和压迫，边界被位移。前东欧集团国家对俄罗斯的态度，必须以历史的眼光加以回顾、给予理解。但与此同时必须看到，这些国家如今已是欧盟成员，已是北约成员，已经超越了历史的恐惧。这些国家的安全与稳定已经得到保障。正因为如此，东欧国家应当与俄罗斯建立一种没有偏见的关系，这样做符合它们自身的利益。时至今日，我们必须向欧盟东欧成员清楚地说明，我们尊重其因历史造成的情绪。但是，我们同时也不得不指出，这样的情绪会给现实政策带来糟糕的导向。我们德国人在第二次世界大战之后积累了自己的经验：如果当年法国总统戴高乐在其公民那里散布一种对德国人的消极保留情感，德国与法国之间可能就无法和解，欧洲就无法实现联盟——至少当时不可能和解。

您觉得这样要求加盟国是不是有些过分？毕竟它们在对俄关系方面的伤口还没有愈合。

东欧集团的瓦解几乎已经过去四分之一个世纪了。我可能是最后一个要求"干脆忘记这一切"的人。这也根本做不到。就以俄罗斯和波兰为例。这两个国家当然应当进行尝试，以双方都能够接受的方式对历史达成共识。如果成功，就是伟大的一步，如何高度评价都不过分。如果双方都持合作态度，而非对峙立场，很多事就好办多了。因此，当东欧政治家缓和讨论语调、积极接近俄罗斯时，我们都应当为他们的做法感到高兴。

有这样的政治家吗？

当然有。例如斯洛伐克总理罗伯特·菲乔。他既能理解欧洲立场，也能理解俄罗斯立场。又如我的朋友、波兰前总统亚历山大·科瓦西涅夫斯基。我们俩曾经密切合作。当乌克兰 2004 年发生"橙色革命"时，我们共同努力推动了一个和平解决方案：他在东欧，我在俄罗斯。当时困难很多，但是最终获得了成果，没有流血，没有外来干预。遗憾的是，也有一些挑唆者对俄波关系多方破坏，例如波兰右翼势力。

赫尔穆特·施密特曾经抱怨说，自从您卸任总理之后，德国政界忽略了莫斯科。原先担忧俄罗斯达几十年之久，如今却对俄置之不理。您也这样看吗？

既是，也不是。换了我会这样说：曾经有过一段时间，默克尔女士明确表示要在对俄政策方面有别于各位前任，即我、勃兰特、施密特和科尔，但实际上她并没有这样做。她与俄罗斯领导人打交道的方式确实不一样，尤其是在语调方面。不过，本质上与各位前任的政策并没有多大差别。她的批评并非针对俄罗斯观众，而是针对本国媒体。她的政策是在这样的背景下制定的。这种做法无可非议，但是在交往双方之间无法建立信任关系。这种做法有缺陷。西方不信任普京，普京也不信任西方。若要解决面临的各种巨大挑战，无疑还缺乏良好的基础。

缺乏哪些基础？

许多基础。例如针对下列问题给出的禁得住检验的答案：我们在整个中近东地区怎样才能赢得稳定？伊朗核计划将如何继续发展？西方军队撤出阿富汗之后，局势将如何发展？高加索地区（即北部俄罗斯领土）的局势将如何发展？南部与格鲁吉亚、阿塞拜疆、亚美尼亚的冲突。此外还有那些重大的全球性难题：气候保护，防止大规模杀伤性武器扩散，打击恐怖主义。许多难题离开俄罗斯就解决不了或很难解决，在解决这些问题时需要俄罗斯领导人采取合作态度。因此，如果总是公开地抨击俄罗斯总统，我相信是因为西方的顾问没出好主意。

在涉及与俄罗斯交往方式的争论中，始终围绕着一个核心问题：如何能够实现更多民主和人权？究竟应该采取有棱有角的政策，对所有弊端都坦诚讨论，还是应该以理解的方式默默地施加影响，其形式是否多少有些阿谀逢迎的嫌疑？

我的立场很清楚：我们应当学习 20 世纪 70 年代的缓

和政策。这一政策为铁幕的瓦解和日后的重新统一奠定了基础。放眼今日的态势，就意味着我们应当支持俄罗斯的公民社会。这是必要的举措，因为只有通过中等阶层才能够实现进步——这个阶层拥有经济上，尤其是政治上的参与能力。由此延伸，必须制定一项有针对性的、长期推动这一进展的政策，但应避免使那些政治精英产生威胁感、从而构成开放的对立面。

普京于 2013 年签署了一项法律：凡是对同性恋发表正面立场者，有可能受到惩罚——声称是为了保护儿童。

我认为这项法律是错误的。

德国政府也应该可以提出批评吧！

据我所知，联邦政府已经提出批评了。不过有一个问题：我们会不会设立不同的衡量标准？我们为不同的国家设立过不同的标准。同性恋在全世界大约 80% 的国家被禁止或者被迫害，超过在俄罗斯的被歧视待遇。在某些国家甚至可能被判处死刑。然而，我们对这样的案例从来没有用外交政策标准去衡量。同性恋恐惧症也是一个欧洲问题，不仅在俄罗斯，而且存在于波兰、匈牙利和乌克兰。那里有着根深蒂固的行为规范，这与当地的东正教或天主教教堂的保守立场有关。其影响不仅仅涉及同性恋者。不妨看一看匈牙利的反犹太主义，当地政府不仅予以容忍，而且给予促进。而这一切都发生在欧盟内部。当年德国黑黄联盟政府对此视而不见或仅仅持节制的批评态度，因为匈牙利总理同样属于基督教民主联盟阵营。

东欧国家对同性恋现象的怨恨十分普遍，您对此如何解释？

此类社会现象的发展还没有我们德国那么久远。那里的情形或许相当于德国的 20 世纪 60 年代和 70 年代。我之所以能够做出几分判断，因为当年我曾以律师身份在汉诺威为同性恋者做过辩护，当时他们受到基督教教堂的歧视。我们的刑法中长期包含将同性恋列为判罚行为的第175款。经过很长时间的努力后，这一问题的司法条款才有了松动！当时，首先需要有一个红绿联盟政府，才能够有所推动。为了全面保障男女同性恋者的平等地位，我们克服了很大的阻力。经过相当长时间的努力，同性恋问题终于获得了社会认可，这在我们德国也是一个比较新的进步。我认为，社会歧视固然是错误的，但同时也应指出，在那些共产党曾经执政了 40 多年的国家里（至于俄罗斯则长达 70 多年），公民社会的发展需要更长的时间。

对俄罗斯同性恋法律的批评声音，主要来自基民盟和基社盟阵营，对此您感到惊讶吗？

对其他国家提出要求往往容易得多，难的是反思当年本国是如何解决此类问题的，而且如今问题依然存在。在我们德国，同性恋者仍然没有得到完全平等的地位，而且未来数年内也无望得到，因为默克尔女士不得不顾忌该党的保守势力。

为什么反而是社民党人对俄罗斯如此宽容？

这与缓和政策的历史经验有关。缓和政策是埃贡·巴尔制订的方案，并在威利·勃兰特担任总理期间成为现实政策。当时，联盟党持激烈反对立场。当时的论调是，对第二次世界大战确定的欧洲领土关系采取认可态度则意味着背叛，而且不可能带来任何好处。如今的对俄政策也相差无几。凡是赞成改善对俄关系的人，就被扣上类似的帽子。

每当说到俄罗斯，人们就会回忆起您说的"质地纯洁的民主"。如今您还是会这样表扬普京吗？

任何一个记者若想用这根拐杖支撑我一下，都需要特殊的勇气。但是我不忌讳这一话题，不想为我对普京的态度做开脱。我相信,他的目标是建立有效的民主和稳定的国家——俄罗斯国家和俄罗斯社会面临着一个艰难的旅程,需要克服数十年极权统治的后果。这是我与他多次谈话后得出的信念。

您是怎么会想到"质地纯洁的民主"这个概念的?

这个称谓不是来自于我,而是来自于电视主持人莱茵霍尔德·贝克曼。2004 年,我在他的节目中出镜,他问我一个问题:"普京搞的是质地纯洁的民主吗?"此刻我的想法是:如果我做出否定的表态,意味着给外交政策定性。因此我没有否定,而是答称:"我始终这么认为。我相信他,也坚信他是在这样做。俄罗斯的一切并不像他所设想的那样,也不像我或者我们所设想的那样,这一点我是相信的,大家也应该理解。这个国家毕竟有着共产党统治 75 年的历史,因此我总是喜欢提醒那些原教旨批评者回忆一下,我们这里是从什么时候才发展到如此完美的。"当然,我原本可以更好地给予反问:究竟什么是质地纯洁的民主?根本就不存在质地纯洁的民主,没有人做得到。

普遍的感受是:俄罗斯又退回当年的独裁做派。

也许首先应当了解俄罗斯的历史发展进程。那里几乎没有过民主制度和议会环境的体验。在 1905 年以前,这个由俄罗斯沙皇统治的国家甚至没有一部宪法。1871年成立的德意志帝国的政体虽然算不上是现代意义上的民主制度，但毕竟也是君主立宪制，拥有当时十分先进的选举法。在俄罗斯，尤其是自1917年春天起，出现过一个短暂的、几乎未被认可的阶段，当时做出过寻求资产阶级民主的尝试。这一体制后来被列宁推翻，他获得了德国反战者的帮助。之后，共产党统治了70多年，其可怕的高峰是斯大林主义。这一切导致了国家与社会的畸形。

为什么不能在民主道路上走得快一些？毕竟戈尔巴乔夫启动的开放、透明化和改革几乎已经过去30年了……

如果你今天与西方观察家进行谈论，有些人会说，叶利钦时代是俄罗斯民主与社会市场经济的黄金时期。其实不然。确切地说，发展的速度比较猛、比较快。导致的结果是一小部分人得以在最短的时间内迅速致富，把整个国家的大多数财富据为己有。在俄罗斯，叶利钦时代摧毁了两样东西：一是政治社会和经济体系。国有企业私有化，导致个别寡头拥有巨额私人财富。二是国家的权威。退休金和工资停止发放，外国公司和公民不得不支付安全费。

私人安全机构取代公权力地位？

是的，国家已经没有能力保障安全。普京重建了国家——这个评价不抑不扬，恰到好处。从而提供了投资安全和人身安全。当然会有错误决策，过度集权，没有人对此认真反驳。但是，普京的首要任务是重新改制、实现国家稳定。这样做也符合欧洲的利益。俄罗斯是最大的核国家之一，这个国家的崩溃将对北约和欧盟的东部翼侧产生直接的影响。一个稳定的俄罗斯符合我们最为核心的根本利益。同时，我们必须看到这个国家的辽阔疆域。这个国家很难驾驭。

美国也同样如此呀！

不，两国无法相比。其一，俄罗斯的国土浩瀚。1700万平方公里，相当于几乎 50 个德国。仅仅与中国之间的边界线就长达 3600 公里。您是否能够想象，这在安全政策上意味着什么？其二是人口。民族多样性超乎寻常，几乎有100 个民族，数不清的语言，不同的宗教，各个独特的加盟共和国。必须把这些人聚合在一起。

您对莫斯科特别宽容。不过，西方究竟应当有多大的耐心？这就意味着：必须在人权受到伤害时闭上眼睛。

不，当然不是。不过，常常绕不开一个问题，即如何谈论这一话题。我任总理时在俄罗斯谈论过这个话题，现在仍然如此。问题在于：怎么谈？作为外事访问的总理，应当像随行记者们所期待的那样做橱窗式演讲？还是试图进行认真的对话？举中国为例。我总是恼火那种毫无效果的例行公事：一个来自西方国家的元首或部长，就像国内观众所要求的那样在中国谈论人权问题，中国同事也例行公事般地予以驳回。所有人都履行了自己的义务，没有一点收获。因此，我们与中国启动了长期的法治国家对话。我们想把这个模式搬到与俄罗斯的彼德伯格对话机制中去，但遗憾的是未能达到同等水平。我们原本是想支持俄罗斯发展民主和法制。越是具体化，效果就越佳。就拿俄罗斯的法律学来说，存在着巨大的亏空。只要你回顾一下这个国家的历史，就不会感到惊讶。只有在拥有优秀司法的前提下，才可能拥有优秀的法院、优秀的司法程序和优秀的检察院。这些在当年的苏联几乎不存在。迄今已经有所进步了，但是我们应该进一步加强司法培训。民主与法治国家的建设不可能自主发展，需要得到支持，而不是简单地公开指责。

如果一个来自西方的公司想要在俄罗斯做生意，必须支付某种形式的保护费，那么这个国家的公共秩序还有什么价值？

腐败确实是俄罗斯最严重的问题之一。不仅对外国公司如此，对俄罗斯公民更是如此。我的印象是，俄罗斯领导人已经意识到这个问题，并正在尝试打击腐败。关键点是，居于国家等级制度的中低级公务员必须得到体面的薪金，以免他们在腐败面前缺乏免疫力。如要国家具有执政能力，公务员们的行为必须具有"普鲁士"风格。普鲁士是如何管束公职人员的？是以两种方式增强公务员的自信意识：首先，公职人员必须获得体面的收入。同时，要向公务员承诺特殊的、突出的地位。在俄罗斯，国家必须为那些从事国家公务的人提供足够的条件，使他们不必指望超出其权力范畴的额外资助。只有这样才能创造一个独立的司法权，这一点乃是法治国家不可或缺的。

再聚焦一会儿您刚才提到的与普京的关系。应当怎样理解你们之间的关系？国家领导者之间的友谊？不会简单地打电话说：今天晚上过来一起烧烤吧！这些年来你们的友谊是怎样发展过来的？

要想发展这样的友谊，最重要的前提条件是语言。如果说同样的语言，相互交往就简单得多。普京的德语非常棒，他的女儿们至少说得和他一样好。他们甚至会唱德语圣诞歌。

你们之间私下交往说德语？

是的，只说德语。普京在这里生活过很久，与德国有着密切的关系。因此，与他交往比与其他国家和政府首脑交往容易一些。我们在各自的职位上合作了六年多，他先是总理后任总统，我是联邦总理。当你与一个带着不信任的眼光观察国际问题的人交往时，如果确信谈话的内容没有别人能听见，双方才可以坦诚地交谈，也可以相互争论。这样的谈话当然十分有助于直接的理解——不用翻译，没有顾问在场。

真的可以坦诚交谈？还是外交空话？

超然于正式会谈之外，可以坦诚地单独交谈。例如，我们常常讨论车臣问题。我在任总理期间就对高加索地区很感兴趣，因为那里的冲突自然也会对欧洲产生影响。北高加索的伊斯兰教不仅对俄罗斯内政是一个挑战，也威胁到欧洲。无论过去还是现在，那里都存在着人权伤害问题，但必须看到的是，普京已经成功地使车臣局势得以平静。

但付出的是昂贵的鲜血代价。

确实如此。所以我们欧洲人应当致力于使北高加索不再存在不安宁的地区，不允许伊斯兰恐怖分子主宰那里的局势。

在公众媒体中，普京常常是一个大男子汉形象，赤裸着上身，骑马奔驰在北美草原上，从水里捕食大鱼。

……啊哈，您要知道，我们这里的政治形象并非不是刻意导演出来的。如果默克尔女士与布什总统一起烤乳猪，周边几十个记者围着照相，这就是导演的场面。公众媒体显然就期待这样的画面。你是很难躲避的。所以，在评判普京的照片时，最好能够保持几分淡定。普京本人与坊间流传的媒体形象并不吻合，而且他也从这类图片中吸取了营养。他是一个轻松的谈话伙伴，充满了幽默感。

喜欢嘲弄人的幽默？

不，但是具有自嘲的能力。

弗拉基米尔·普京是一个有信仰的人，在自己官邸的地产上建了一个小教堂。他是否利用东正教来达成自己的政治目标？

他是一个十分虔诚的教徒。他也与其他公开信仰的政治家分享宗教理念，例如乔治·W. 布什或托尼·布莱尔。在美国，不可设想一个无神论者能够成为总统。大家期待总统属于某一个宗教以及某一个教堂，然后将之公布于众。问题在于，如果一个政治家说他的决策是与上帝对话的结果，那该如何是好？乔治·W. 布什时不时地就会这样说。这样一来就麻烦了，因为在他看来是上帝授予他使命，根本就不能置疑。这样的事，我在普京那里没经历过。

难道俄罗斯除了普京以外就没有别的人选了？

从外界很难判断。游行示威活动证明，至少在莫斯科和圣彼得堡两个大城市内存在着强烈的不满情绪。这种不满情绪也可以使用现代化通信手段加以组织。俄罗斯反对派运动的问题在于，其诉求呈现碎片化。这是一个混合族群，既有完全理智的、正直慷慨的一族，但是也有极端的、民族主义的、共产主义的、反犹太主义的一群。现场也可以听到仇外的声音。我认为，那里目前尚不存在一种能够领导俄罗斯这样一个复杂、艰难之国家的势力。未来几年内将可看清，俄罗斯领导是否有能力像当前的社会改革那样展开政治改革。我想普京是明白这一点的。

施罗德先生，您在对俄政策方面取得的进展，总是被人联想到您的私人关系，联想到您受聘于俄罗斯 Gazprom 天然气公司的传闻。您是否低估了因此而受到猛烈攻击的可能性？

我没有受聘于 Gazprom 公司。

区别在于法律上的细微之处：您在为北溪（Nord Stream）天然气管道公司工作，而这个公司的大股东是 Gazprom 公司。

我是 Nord Stream 公司的股东委员会主席，相当于监事会主席。众股东中，包括 Gazprom 公司，还有德国的两个企业——E. ON 公司和 BASF-Wintershall 公司，以及荷兰的

Gasunie 公司和法国的 Gaz de France-Suez 公司。最佳理解，它是一个欧洲企业。

俄罗斯人拥有多数股份。

但这改变不了我在 Nord Stream 公司的任务。我在监事、表决时扮演的是绝对独立角色，不受任何预先规定的约束——这也是我在接受这一职位之前提出的先决条件。不过，我们为什么要谈论过去？天然气管道已经于 2012 年 10 月全面投入运营了。这是欧洲迄今为止最大规模的能源项目，投资总额达到 70 多亿欧元。我不相信有多少此类规模的大项目能够按计划建设推进——难能可贵的是准时竣工。这个管道项目十分错综复杂。两条各长 1200 公里的管道必须架设在波罗的海海底。其审批程序极为耗时，因为我们必须得到 5 个国家的批准，其中包括波兰、立陶宛、拉脱维亚和爱沙尼亚。我们不得不与相关国家进行无数次谈话。我们进行了波罗的海区域内最为全面的环境调查。尽管如此，我们丝丝入扣地（just in time）使其竣工。

您的项目竣工了，天然气已经用于能源需求，但是事过之后，您是否觉得能够抵御那些因您从总理职位转向商海的批评？

某些批评认为我转向太快，这一点我可以理解。但是那些针对项目的批评，我就不能理解了。一方面，我们需要天然气，因为我们只有在使用可再生能源的同时引进天然气，才能够实现放弃核能源的目标；另一方面，我们有一个可靠的供货者，可以为欧洲提供一个新的供货渠道。这是绝对合理的举措，符合我们的利益。

您是想暗示说，您在管道公司任职是在为祖国服务？有时看上去似乎您是想以这种方式来美化自己的职位。

不，我从来没有使用过为祖国服务的字样。这是一个欧洲项目。我的论点是能源安全。这些管道将最重要的俄罗斯天然气油田与欧洲连接在了一起。欧盟早就声明，这是一个"基于欧洲利益的项目"。

如果我们依赖于俄罗斯人的天然气，真的能够保证能源安全吗？

实际上这不是西方单方面的依赖性。如果真的存在依赖性，也是相互依赖。俄罗斯根本就不能放弃出口天然气带来的收入。这就意味着：俄罗斯人希望并且必须提供天然气。我们希望并且必须购买天然气。因此，这些管道营造了一种双向依赖性，完全符合通过接触实现改变的初衷。此外还要强调一点：我们迄今有两条线路向欧洲输入天然气：一是经由白俄罗斯；二是经由乌克兰。这两个国家都会令人产生对稳定的担忧，也就是对通过上述国家领土的管道安全的担忧。现在我们与 Nord Stream 公司一起建立了第三条线路，直接连通的管道，输气过程不会中断。

但是周边有波兰和波罗的海三国。波兰前国防部部长拉多斯瓦夫·西科尔斯基居然早在 2006 年就指称这是一个新的希特勒－斯大林联盟。

这样的比喻忽视了历史因素，令人完全不能接受。我们向所有国家都发出了参与这一项目的邀请，但是他们不愿意。

俄罗斯对供气捆绑了政治条件。以乌克兰为例，就再明显不过了。俄罗斯人使用一切手段将乌克兰拉入其势力范围，使其远离欧洲。

在乌克兰问题上，首先是欧盟的做法本末倒置了。欧洲不应当让乌克兰陷入一个非此即彼的境地，默克尔总理在这点上说得有道理。如果我们当初与俄罗斯和乌克兰同时展开入盟谈判的话，局势就会完全不同了。

莫斯科迄今仍然以数十亿巨资有效地换取到基辅当权者的友善。

财政支持总会有政治分量。在德国也不例外。不妨看一下德国的各个州，为了换取它们对法律的赞成票，各州提出了多高的要求！至于欧盟内部就甭说了。我在任期间亲眼所见，为了换取波兰农庄主同意加入欧盟，当年付出了很多金钱的代价。与乌克兰有关的问题就更加深刻了，因为关系到与俄罗斯的历史和文化渊源。就拿克里米亚来说吧！黑海中的这个半岛具有极其重要的战略意义，其自18 世纪以来就是俄罗斯的组成部分，只是由于赫鲁晓夫1954 年的一个率性决定，才把它划给了原苏联加盟共和国乌克兰。乌克兰西部倾向于欧洲，东部则靠向俄罗斯。如果当真拥有战略思维，即便这些国家自身愿意与欧盟拥有更加紧密的关系，我们也应当考虑到此类历史和文化的背景而采取敏感细腻和理智聪慧的行为。欧盟是否始终注意到这一点，我表示怀疑。有一点很清楚：只有在欧俄关系良好的前提下，这样的战略才可能奏效。解决问题的钥匙在于与俄罗斯合作，而不是对抗。

第七章
社民党、68 学潮和联盟党的社会民主化

施罗德先生，您于 1963 年 10 月加入社民党。为什么？您是打算改善世界？

不，当时我才 19 岁，没有改善世界的动机。我当时必须劳动，国民学校毕业后在莱姆戈当学徒，后来以零售商贩的身份前往哥廷根，在那里加入了社民党。要说"改善世界"的话，我当时既没有时间，也没有那个神经。

据说您当时通过参加各党集会的方式考察过所有政党？

是的，我尝试着了解各个党的运营情况，曾经发过言，也曾被噎得够呛，因为我的批评和建议没有经过深思熟虑。通过所谓自学政治化进程，我得出了一个结论，即理应加入社民党，因为这个党最符合我和我这样社会背景的人。

您当时能够预见到自己后来在社民党青年组织内的仕途吗？

直到三年以后我才加入社民党青年组织。我先是在哥廷根的一个夜校补拿了中学毕业证书，然后去锡根，后来又去比勒菲尔德，通过第二教育轨道的预科班拿到了高级文科中学毕业文凭。1966 年，我回到哥廷根，进入大学攻读法律——大学期间我接触了社民党青年团，开始了实用的辅助性工作。当时商定，我在董事会——当时还不叫董事会，而是"工作集体"——内主要负责司库和媒体工作。工作集体的其他部门有"理论一组"和"理论二组"。

您当年有没有接近高等院校的 68 学潮抗议活动？

我参加了一些示威活动。我只是在年龄上属于 68 学潮那一代人，但并非自主加入学潮者。我把大学学业视为头等大事，因为我从此可以支配自己的时间了，不必再每天早晨身穿灰色劳动服站在小五金店里当伙计。我终于来到了朝思暮想的校园，第一次拥有自己的时间。作为丧父的孩子，我获得了半额奖学金，得到了弗里德里希－艾伯特基金会的资助。此外，我于假期在家乡村子的建筑工地打工挣钱。也就是说，我的日子过得相当不错。这个社会给了我机会，我不想成为社会的敌对者。反抗权威的思想离我很远，因为我根本就不认识什么权威人士。我也不必反抗父母的权威，因为我实际上并非父母双全。母亲必须劳动，我没有理由与母亲发生摩擦。果真顶撞母亲，也不会有什么效果，她会毫不理解地用眼睛瞪着我。说句实话，我对大学生政策、大学生议会或者全国大学生委员会从来就没有兴趣，从来没有认真地把它们当回事。我的人生道路根本就是另一条轨迹。

您当时心目中的社会民主党英雄是谁？拉萨尔、倍倍尔、舒马赫？

我心中的社会民主党英雄是赫尔穆特·施密特。他早就令我神往了。当他以汉堡市内政部部长身份面对可怕风波却淡定自如时，当他 1966 年在联邦议院以其雄辩天才傲视群雄时——那真是太牛啦！给我留下深刻印象的还有：他以流利的英语出现在"与媒体对话"的电视画面中，那是当年的一档美国电视节目。我当时想：好家伙，太棒了！后来，在我担任社民党青年组织主席时，也就是 20 世纪 70 年代末，我从未参加过当时流行的对赫尔穆特·施密特的批评。

您还记得与他第一次见面时的情景吗？

永远也不会忘记。作为社民党青年组织的主席，我应邀来到波恩联邦总理府，先是在秘书办公室等待。他

的第二秘书玛丽安娜·杜登接待了我，她后来成为我的
总理府主任秘书。之后她把我请到总理办公室。与赫尔
穆特·施密特的谈话围绕着民用核能问题。我的一位社
民党青年组织联邦理事会副主席因为民用核能一事公开
批评施密特不负责任。我为他做了辩解，理由是：我也
反对核能，但总理的责任是负责能源设施的安全。我的
话得到了他的欣赏。在谈话中，我还讲述了一本美国书
籍中有关能源康采恩的权力问题，施密特仔细听着，点
点头，稍作停顿，望着我说："这本书的作者的所有观点
都来自于我。"我觉得这是他的典型说话方式，确实给我
留下了深刻印象。

您刚才说到这个话题，联盟党如今正在把那些有争议
的话题都清离了台面：核能源问题，同性恋婚姻问题等。
他们所做的一切正在把联盟党推向中间立场，于是社民党
就没有多少余地可以加以区别……

然而问题是：联盟党为什么这样做？因为他们认可
了我们所推动的社会趋势，不得不向这一立场靠拢——
无论这些是否适应其政党诉求。因此，我认为联盟党出
现社会民主主义倾向的说法并没有错。由于联盟党在政
党结构上处于比社民党优越的位置，所以他们的做法起
到了效果。

您所说"结构上的优越"是指什么?

社民党的问题是:它始终想改善世界。这种改善世界的想法,在他们的潜意识里比权力更加重要。而联盟党则始终是被权力和利益团结在一起的一个政党。

有人贬损联盟党是"总理竞选联盟"……

……是的,联盟党称:我们在任何情况下都要执政,无论需要付出何种代价。与社民党不同的是,基民盟作为一个中右翼的民主政党占据了结构上的优势:由于充分的历史原因,德国极右翼处于被禁止状态。于是,外围右翼并不存在足以当真剔蹭联盟党的政党。社民党在左翼并不拥有这样的优势,存在着相当数量的竞争。社民党现实的弱项,与德国政党体制出现的欧洲化趋势有着一定程度的关联。

因为社民党的左翼总是有一个政党在游弋?

在两德统一之前的很长时期内,态势完全不同,因为比社民党更左的所有思潮和政党——例如德国共产党——都没有机会在民众中站稳脚跟。原因是,这些势力不是忠诚于本国,而是有可能忠诚于莫斯科或东柏林。当年社民党的左翼毫无疑问如同今日基民盟的右翼。在此期间,对极左势力的禁令已经取消;先是出现了绿党,接着是当年的民主社会主义党，也就是今天的左翼党——如今它在联邦层面尚未具备联合执政能力。因此，基民盟在结构上占有优势。

这种态势会变化吗？社民党现任领导层没有表明未来联合执政伙伴是谁。您本人会永远排除与左翼党联盟的可能性？

不，这个时代将会来临。有朝一日，如果左翼党的纲领能够接近现实，放弃其不切实际的立场，例如"退出北约"，那就可能称为联盟伙伴。许多当年来自东部的民社党人，实际上是务实的左翼社会民主主义者。如果左翼党有朝一日重新定调，就会具有联合执政能力。

您说：左翼党的存在，是由于东德的消失。但是，眼下流行的一个观点却相反，认为施罗德的改革议程政策导致社民党的萎缩，一些党员倒戈退党。

我不太赞成这个观点。诚然，确实有一些社民党成员因为议程政策而退党，但是社民党党员人数的下降早就是一个持续了20多年的走向——再说，其他各党同样面临这样的趋势。党员人数下降有多方面的原因，主要因素是人们对待政治的热情消退，当然还有人口统计数量下降的因素。

社民党已经老了，越来越多的老党员正在亡故？

我们的大多数党员是 20 世纪 60 年代和 70 年代入党的。党员年龄老化是一个问题，但并非社民党一家如此，所有各党都如此，教堂和工会同样面临这一问题。

您认为应该怎样吸引年轻人对政治和社民党产生兴趣？

对年轻人政治热情的看法，我没有其他人那么消极。与早年间相比，他们的政治热情不过是换了一种方式而已，对政党组织的兴趣减少了。他们更感兴趣的是非政府组织，例如绿色和平组织、大赦国际组织或者社会互联网。尽管这些活动都在政党之外，但是仍然属于政治热情。我只是希望年轻人能够善于学习，学习怎样才能在政治上有效地，乃至有必要地组织起来，努力使自己的梦想变成现实。

您是否同意这样的说法：社民党地方组织的会议不能给年轻人带来最高境界般的沉稳氛围？

确实如此。根据我自己的经验，这种氛围不仅仅对年轻人有益。必须彻底改变这种状态，因为民主意志的形成必须依赖于某个特定的组织。应当从海盗党的失败

案例中吸取教训：缺乏有效的组织秩序将会导致哪些
后果。

您是否看到了寄托着下一代或下下一代希望的承载者？

当然有，例如现在在威斯巴登担任市长的那个年轻
人。你知道他的姓名吗？

**知道。斯文·格里希。他是在孤儿院长大的孤儿，后
来成为印刷厂企业家，现在当上了市长，他的晋升道路与
您相似……**

……是的，不过也有不一样的地方：他公开承认自己是
同性恋者，因此他的道路比我更加艰难。他是怎样加入社民
党的呢？他曾经在一次讨论中咒骂政治，于是有一个人问
他：如果你想改变现状，为什么不加入一个政党呢？这就是
他在社民党内政治仕途的起步。你应当去问这样的人，才会
知道究竟什么东西能够加深年轻人对政治的兴趣。

**当社民党 2013 年举办建党 150 周年庆典时，一切都显
得很隆重、很庄严，但是总让人感觉到有几分疲惫和精疲
力竭。**

此类庆典确实有这种现象。说到庄严，肯定与社民党

的历史有关。在过去 150 年内，社会民主党人一再受到当政者的打压，被诅咒为"没有祖国的家伙"。这些境遇留下了痕迹。

您的猜测是，社民党面对政府始终还潜藏着某种少数派的自卑感？

我党有些人始终因为这种结构上的劣势而纠结。这类缺乏自信心的现象确实是一个问题。不过，我没有这个问题，我从来没有缺乏自信心。所以，当我于 20 世纪 80 年代初第一次进入联邦议院时，一句话还没有开始说，基民盟和基社盟的某些议员就已经吐沫四溅地喋喋不休。因为他们感受到：这个人没有少数派的自卑感。如果我仔细打量一下几位保守派对手的生活道路，我只能反唇相讥：嗨，你们这些家伙！如果你们的父母不给你们帮助，你们今天会出息个什么样？而我今天的一切，都是靠自己打拼得来的。某些社会民主党人习惯于在对手恶毒攻击时采取逆来顺受的沉默方式，却不敢大声回击：你们到底想怎么样？快从我的眼前消失！

基民盟的这种自我感觉，是通过"公民阶层联盟"的概念得到展示的……

……基民盟和基社盟自我感觉国家是属于他们的。如果社会民主党人执政，对他们来说就是历史上的某种工伤事故。所谓的"公民阶层"概念，我不同意将其视作联盟党的专属名号。法国人十分明智地区分了"资产阶级"（Bourgeois）和"市民阶层"（Citoyen）的概念，而市民阶层的特性是把公共实体的利益、而不是个人的利益放在核心位置。在这个意义上，我把自己也列为公民阶层、市民阶层和国家公民。因为，我们社会民主党人追求的是一个完美的社会，追求的是社会公平和一个有行为能力的国家。所以说，一个红绿联盟也是一个公民阶层的联合执政政府。

您提出的"首先为了国家，其次为了政党"理念是不是言过其实的国家至上雄辩术？究竟有多少可信度？

就连我们的政敌也必须承认：如果认真理论的话，社会民主党是唯一一个敢于宣称"首先为了国家，其次为了政党"的政党。历来如此。在历史长河中，这样的事例不胜枚举。

尽管您充满了爱国主义精神，但是曾几何时也表现出了正常的权力本能。

这话不错，但是被权力本能驱使的不仅是我。你也可以把赫尔穆特·施密特视为被权力本能所驱使者。从这个角度看，也不能低估威利·勃兰特。社民党领导层的所有人，都清楚改善世界与获得权力二者之间的矛盾。社民党是唯一一个这样的政党：即使为了尊重教义而失去权力也依然能够保持满足心态。我们经常经历这样的事实。因此，社民党不必因 2010 改革议程而感到满足。

这是最近 10 年内最大的战略性错误，您不这样认为吗？社民党没有炫耀自己的改革成果，反而将其拱手让给了对手。

确实是一个错误。这也符合这个党的特点，居然连这个错误都没察觉。社民党的大多数人当年都认为这个改革议程有些过分，即使勉强接受，也不能承担负面名声。本党议员在联邦议院——迫于党内和议会党团的压力——投了赞成票，只有少数人例外。但是当他们后来回到自己的选区时，膝盖就软了，不敢承担责任，推说：施罗德逼迫我们投的票。

您至今还因此而感到痛心？

不。但是我对我的党采取的这种做法感到遗憾。如果我们敢于理直气壮地重新索回 2010 改革议程的成果，社民党就会成为欧洲最有成就的社会民主党，这一点我

143

很自信。然而，社民党作为执政党，在单纯理论和实践之间的自我矛盾，早就留下了深刻的印记。这一点给赫尔穆特·施密特的执政年代带来了很多困难。不妨再回首一下魏玛共和国时代：1930 年，那些社会民主党人反对本党籍帝国总理米勒提出的些微增加失业保险税金的建议，结果导致唯一借此可以维系执政联盟的政府垮台。这一冲突进而加剧了普遍的不安情绪，使得社民党沦为在野党，为国家社会主义纳粹势力最终夺取政权铺平了道路。

您曾经说过，社民党历史上最伟大的行为是没有给纳粹的《授权法》投赞成票。

确实如此。社民党实际上是魏玛共和国时期的民主政党——由菲利普·沙伊德曼宣布成立的共和国，创立了德国第一个民主政府，从而为后来的民主体制奠定了坚实的基础。在古斯塔夫·施特雷泽曼时代，德国人民党的温和右翼和天主教中央力量也扮演了类似的建设性角色。但是，半数社会力量站在反对共和国的势力一边，包括在政治天平上足足占有 15% 分量的德国共产党。该党当时与以胡根贝尔格和希特勒为首的右翼势力完全一样，缺乏对共和制的支持。在这样的情势下，共和国居然能够在严重的经济危机期间存活下来，实在算得上是一个奇迹。一直到纳粹势力 1933 年向帝国议会提出《授权法案》之后，局势才真正开始严峻。当时，社会民主党是唯一一个敢于投反对票的政党。在那个时期，在共产党根本就不敢行使其权利的情况下，在每个人都清楚反对该法案将导致迫害、刑罚、谋杀后果的情况下，奥托·韦尔斯以社民党的名义声明："可以剥夺自由和生命，但是无法剥夺尊严。"这是德国议会中再也没有出现过的英雄气概——幸好再也不需要展示这样的英雄气概了。我希望，这种现状能够继续下去。

您认为社民党在 150 年历史上最大的失败、最大的错误是什么？

从事政治的人总会犯错误。社民党也犯过错误。但是，它在 150 年的历史上从未犯过将德国推上斜路甚至引向灾难的错误。相反：如果没有社民党人，1945 年后就不可能建成一个政治、经济和社会稳定的国家。外交政策方面同样如此：威利·勃兰特和赫尔穆特·施密特的东方政策是最重要的成就。值得一提的还有坚定的欧洲定向，这一方向直至今日也没有改变。

这就是说，社民党犯过错误，但是您认为那些错误是可以原谅的。请您至少举一个例子！

好吧，举一个在我看来当然是可以原谅的错误：社民党没有及时表明，它并不是不管前东德统一社会党的投诚追随者。社民党过早地、过于清晰地确定："你们不要跟着我们，我们需要在东部德国新建一个社民党。"

您在回顾历史时认为，当年如果接纳统一社会党的党员，会是更加聪明的做法？

当年在面对同样问题时，联盟党表现得就比较有弹性，其观点是：东德的基民盟与我们同名，尽管它是东德的结盟政党，其行为实际上与统一社会党相同。社民党的错误是向统一社会党的普通党员发出了一个信号：我们不要你们。这些党员原本并没有责任，我们原本应该给他们一个机会——尽管不必马上委以重任，但是可以合作。当年我在柏林墙倒塌之后立即说过这样的话，你们可以去查阅。那样的话，就可能阻止他们日后组建民社党的态势。

您现在夸赞了各届社民党总理的丰功伟绩——保守党的哪些成就能够得到您的认可呢？

阿登纳的与西方结盟政策不容置疑。赫尔穆特·科尔抓住了德国统一的机遇。他在处理这一机遇时十分得体，谈判时十分巧妙，并且充分利用了他在之前数年建立的国际关系网络。在这方面，信任关系起到了巨大作用。这一切无疑是科尔的历史功绩。从整体来看，他们执政期间的联邦德国比较幸运。

您的赞赏也能捎带上您的后任安吉拉·默克尔吗？

目前对她进行评论还为时过早。欧洲的危机还远远没有克服呢。

如果联盟党一再复制社会民主党人的理念，社民党还有什么独特标志？

首先，我们大可不必反对其他政党继承并继续发展社民党的理念。如果要求别人停止拷贝你的理念，是愚蠢的做法。我们的独特标记多得是，所以不必老是强调：要学我们的原版本，不要去学抄袭版。

在基民盟逐步社会民主主义化的转变中，社民党在体制改革方面显得越来越保守了，已经从一个进步的政党变成了一个轻视技术发展后果的政党。

小心翼翼地评估技术发展的后果，这种做法并没有错。只要不是封锁技术发展，那样做就有好处。

我们在德国经常经历封锁政策，例如在绿色基因技术方面，研究成果外流了……

我们以更加开放的态度面对技术进步领域的例子不胜枚举。我在担任总理时就曾大力推动过。无论过去还是现在，我始终认为基因技术的所有可能性还没有得到充分利用。以生物缺陷诊断问题为例，人们愿意提前知道他们的孩子是否会带着严重的残疾出生，这一点我完全可以理解。但是，如果民众的反对声音过于强烈，例如在关于转基因食品的问题上，那么政府就几乎无计可施。

政府缺乏吸引民众支持的手段？

如果一个母亲担心喂养转基因食品会影响孩子的健康，你就很难从相反的角度去说服她。这并非政治引发的恐惧，而是一个人与生俱来的本能恐惧。这种恐惧始终存在，根本就不可能通过交流予以排除。也就是说：并非所有技术都是可以推广的。

第八章
中国和外交的各种可能性

施罗德先生，红绿联盟将联邦国防军送上了战场。约什卡·菲舍尔经常说，他从来不是一个和平主义者。您对自己的定位呢？

我也从来不是和平主义者。不过我也不必去考虑拒绝服兵役，因为我无须面临这个问题，我是一位阵亡父亲的独生子。我的父亲1944年10月牺牲在罗马尼亚，没有人知道他具体死在哪里。他的坟墓直到几十年后才被发现。我曾以联邦总理的身份去扫过墓，当时颇为感慨。作为律师，我为拒绝服兵役者做过辩护。他们必须在良心理由审查委员会接受审查，他们必须回答的问题中有些实在是荒唐的。

如果您的女儿在树林中被强奸，而您的手里有一件武器，您这时会怎么办？审查时会提出这样的问题吗？

是的，很荒唐。原社民党议会党团主席赫尔伯特·维纳曾经邀请我这个年轻的联邦议员参加议会党团的一个工作圈子，我们的工作目标是废除外界所称的"良心审查"制度。至今我还能清晰记得我们在议会专门委员会里讨论时的情景。天主教堂的一位高级教士为审查制度辩解的理由是：凡是打算为自己的良心抉择寻找理由的人，都需要一个倾听者，以便获得他打磨其理由的论据。我以律师的经验反驳他说：尊贵的牧师先生，如果每一个审查委员会的主席都像您那样深入地思考此类问题，当然可以商议保留审查制度的可能性。然而事实并非如此。因此，除了废除审查制度以外别无他途。审查制度后来果然于1983年被废除了。对于加入联邦国防军的服役义务，我个人并没有疑问，尽管内心实际上是不喜欢的，因为参军会影响我的受教育前景。但是，必要时我会参军，根本不会考虑用良心的理由拒绝服兵役。我从来没有采取过和平主义的立场。

我猜想，尽管如此，您在做出派遣部队的决定时也很困难。

这是我任总理期间最为艰难的一个决定。这一决策引起了极为激烈的讨论，尤其是在联邦德国历史上第一次派遣士兵参加作战行动的时刻：1999年在科索沃。绿党内部有争议，就连社民党内部也有争议。在1999年的社民党党代会上，最终通过的埃哈德·埃普勒尔的一项调停提案才对这一问题做出了决议。他向党代会代表清楚地表明了立场：我们即将做出的，是一个不幸的决议。无论我们做出怎样的决定，都必须承担巨大的责任：或者把我们的士兵送去作战，或者袖手旁观。埃普勒尔使得党代会确信，我们站在科索沃一场危险的种族大屠杀背景面前，袖手旁观将比军事干预更加糟糕。

然而，即使行动的合法性已经得到确认，利弊权衡仍然十分艰难。此刻做出的一个决定，将使其他人承受结果，包括身体上的和心理上的。作为政治家，你承受的风险只是你的政治前程；而你送上战场的那些士兵，承受的风险将是他们的生命。在这一极端的决策环境下，我不断地扪心自问：如果飞出去的阵风战斗机回不来，如果士兵们牺牲了，我该怎样向他们的家属交代？尽管每一个士兵在走上战场之前都清楚等待他们的是什么，但这依然是一个国务政治家所面临的最为艰难的决策。所承受的压力旷日持久。

埃贡·巴尔在他的回忆录（《必须你自己来讲述》）里写道，各国政府奢谈什么民主和人权，实际上常常是围绕着利益。您是不是赞成他的说法？

当然是为了利益。不过，二者不可相互排斥：应该怎样对待所谓的人权伤害话题，始终是一个问题。我想举中国的事例加以说明。我认为中国是一个非常重要的国家，经济上自不待言，同样重要的是基于一个巨大的挑战，即如何将这个巨型的、强有力的活跃者纳入国际架构？我从一开始就主张，以中国为一方，以欧盟和德国为另一方，应该建立密切的伙伴关系。这一点确实做到了。我在总理任内每年去一次中国。通常会率领一个经济代表团和一个记者代表团。经济代表团的期待是做生意。

联邦总理作为最高级的院外游说活动者——这是德国经济界的要求？

是的，完全正确。这样做对我来说从来不是问题，恰恰相反：我认为这样做很重要，很正确。德国总理理应在外国致力于促进德国经济，无论是在哪个国家。我们是居中国之后的世界第二大出口国，四分之一的就业岗位取决于出口。我坚定地认为，为了就业者的利益，必须鼎力而为，包括在中国。记者们的期待则完全不同：他们希望每次访问时都谈及人权方面的不足之处。我也确实这样做了，而中国的同事则反驳说，外界的看法是完全错误的，而且即使在这个方面中国也是有进步的。因此，他必须友好地，但是十分明确地驳回我的指责。这样的指责有什么结果呢？没有。

谈及人权问题，只是为了之后可以交代：我们已经谈及这个话题。一个毫无结果的仪式。

就是这样。双方都很清楚这是一种仪式。于是我琢磨了，应当怎样改进？第一步是准备一份名单，我们请求对他们给予帮助：大多数是处于国家压力下的对政府持反对态度者和艺术家。对名单并不讨论，只是移交而已。

这种名单会带来一些变化？

有时有些助益，有时没有效果。所以我们想出了第二步，即开展非程式化的对话——于是产生了所谓的法治国家对话。这种对话的态度是认真的，而且涵盖所有专业领域。这种对话至今仍在继续。我们在对话中讨论了独立司法机构、独立律师制度以及其他各种议题。于是，公民社会就可以广泛地参与这种讨论。推动这种对话，我认为好于那类程式化的批评中国的方式，而那类程式实际上并非针对中国观众，而是演给德国观众看的，所以毫无效果。

用西方的尺度来评判，中国今天的民主和人权有何进展？

首先必须承认这个国家取得的惊人发展：自改革开放政策以来，不仅使4亿人口摆脱了贫困和饥饿，而且出现了一个十分壮观的、生活富裕的中产阶层。我坚信，属于中产阶层的那些人，自然会关注社会变化，包括谋求更多的民主。雏形已经显而易见。人们开始采取抗议形式，反对大型工程侵吞地产，反对不顾及自然生存环境的无度生产。这就是说，在中国完全有公民社会发表意见的途径，从而有理由充满希望。一个原本引人入胜的问题是：究竟什么样的社会倾向或文化倾向能够获得认同？一方面，我们看到了一种未被驯化的资本主义：另一方面，还存在着那种古老的中国文化，它在文学、哲学、绘画中得到表现。中国社会已经一再出色地表明，它能够同化外来影响——如果愿意的话，也可以称之为"中国化"。如今引人入胜的问题是：究竟什么东西可以获得认同？毫无节制的资本主义，还是中国文化？对文化的理解有着十分宽泛的含义：中国式的思维，中国式的生活，传统理念，家庭观念——这一切能够包围资本主义？还是这种生活方式被排斥，消费社会占据主导地位？

乍一看消费占据高地：西方品牌不可超越，所有人都想拥有一辆 S 级奔驰或一辆奥迪作为地位象征。

确实如此。但是，在中国社会中可以十分明显地感受到一种愿望，即追求更强的凝聚力，追求一种富有责任感的社会行为。因此，这个问题还没有定论。

德国企业家不想让人权争议破坏他们对巨大市场的喜悦心情。如果联邦政府会见达赖喇嘛，就会被视为干扰因素：毫无益处，或许只会对中国的德国企业带来伤害。

我从未接见过达赖喇嘛，也看不出来有什么理由见他。

为什么偏偏是基民盟、基督教教堂觉得有义务如此大肆宣扬达赖喇嘛？您对此怎么解释？

我相信是因为内政原因。一个政府在采取这种步骤时必须也要从外交政策角度进行权衡。如果他们认为有必要在德国会见他，也要把伤害减到最低水平。

您指的或许是尽可能避免引起舆论喧哗……

……不应当在总理府会见他。这样做会产生重大的外交政策信号效应，而且不是积极的信号。

是什么让您那么确信，中产阶层的壮大会或多或少自动地导致民主？那里难道不可能出现无须民主就经济繁荣的现象？

我不相信。民主社会毕竟会比专制制度更加优越。不言而喻，资本主义是一种非中央集权制度：每个人可以自行决定生产什么、消费什么。如果中国人想取得更多的成果，就必须引进民主的元素，即使是单纯地出于经济原因。随着更大程度的发展，他们也会更加开明；立足于知识基础的经济，需要素质越来越高的人才。强势政治体制迟早会落后于时代。这就是说：工业社会的推动力和经济的必要性，逼迫着民主化进程。从长远来看，一个强势政

权规避不开民主化进程。您已经可以在中国看见这种
进程。

首先局限于沿海工业城市？内地的态势不一样。

既对，也不对。发展首先局限于中国东部，这一点是
对的。但是，走向西部战略确实完全包含着政策性意义。
于是，在中国腹地出现了3000万人口的大城市，中国的古
老和新兴交融在一起。

这一转型基本上可以和平地实现？

颇有希望。我认为中国共产党根本就不像外界看上去那
么封闭。实际上出现了两种倾向：一是党和国家领导层十分
关注经济效益的力量，他们或许占据优势地位，十分清晰地
认定经济中的资本主义效率是正确的，把提高生活水平视为
最高准则。同时还存在着一种力量，他们关注社会政策，例
如农民工问题，也包括经济问题——尽管他们的动机与我们
有所不同。在中国政坛上，两种立场同时并存。

**作为联邦总理，您对党内的矛盾观察得有多深？在接
待外国国务客人时，中国人在这些问题上究竟有多开放？**

任总理期间，在正式会见时大都是与代表团坐在谈判

桌前进行程序式的谈话。卸任总理以后的谈话就有趣得多了。可以更加坦率地谈话，不过必须要顾及几点原则：凡是出于信任而透露的秘密，必须保守；必须让其察觉到你对其取得的成就给予尊重，并且不要谈及中国领导人自身早已察觉的错误。

您在中国获得了与赫尔穆特·施密特一样的尊称——"中国人民的老朋友"。究竟怎样才能做到这一点？

这个头衔必须通过努力才能获得，通过出席各种场合，通过展示你对发展的兴趣，也通过批评，不过当然不能采取说教式或者居高临下的态度，因为那样做会导致中方失去面子。

电视观众认为大多数政府访问显得特别拘谨僵硬，尤其是与中国人打交道时……

……并不是这样。或者换一种说法：联邦总理的大多数访问必须受到紧身胸衣一般的严格约束，无论在中国还是其他国家，概无例外。联邦总理访问美国时的礼宾框架约束，与访问中国时同样严格。从安全角度看，在美国的约束比中国还要严格。访问欧洲时比较简单、比较轻松，因为与谈话伙伴们认识时间比较久，见面机会比较多。

您认为，对中国人来说，德国政府的礼宾重要性究竟有多高？与之相比，一家世界性康采恩，例如巴斯夫或戴姆勒公司的老板，是不是更加重要？

不，恰恰相反。中国领导人十分在意礼宾规格，经济界人士如果得不到政治家的支持，将会有一定难度。如果得到政治家或者外交官的陪同，不仅是有助益的，而且常常是不可或缺的。

这就是说：如果某一家 X 或者 Y 康采恩想提升一家新工厂的地位，比较聪明的做法是在某次总理访问的框架内预做准备？

是的，这样做可能有助益。重要的是，一个企业必须在中国长期存在，最终才可能有助于改变这个企业在中国社会中的地位。如果你自我封闭，一个强势政权是很难受你摆布的。那句名言很中肯："通过接近才能转变"——威利·勃兰特和埃贡·巴尔在冷战时期为德国东方政策发明的这一座右铭，如今仍有普遍意义，包括在中国。

对德国经济界来说，中国的形象有着两面性：一方面拥有巨大的市场吸引力；另一方面担忧那里出现新的、强有力的竞争……

不必害怕。正是从德国的角度看，应当欢迎一个经济和政治强大的、发达的中国，尤其是因为中国外交政策的核心并无侵略性。中国强调自身的立场，例如在台湾问题上就可以看出来。应当注意不要置疑一个中国的原则。德国联邦政府从来没有置疑过，从 1972 年与中华人民共和国建立外交关系——也就是威利·勃兰特总理任期时——开始就没有置疑过。中国在经济上继续保持卓有成效的增长，在政治上秉持负责任的态度，即符合德国的利益。因此，没有理由改变德国对华政策的基本原则。

第九章
德国的能源政策和经济水平

施罗德先生，您的私家能源转型完成了吗？您在家里使用的是清洁电能？

是的，当然啦。我们家的房顶上安装了太阳能发电系统。你看，私家能源转型显然是有效的。

公家能源呢？您敢不敢打赌能够按照关停核电时间表推进？

显然不敢。我宁可打反赌：我认为 2022 年前不可能全部关闭核电站。剩下的时间已经不足 10 年了。我的印象是，全部转型不可能那么快；工业用户会起来造反，给政府带来压力，关停核电时间表仅仅出于成本考虑也会推迟。

您认为是什么地方出现偏差了？

第一，能源转型的实施计划令人同情。第二，我相信即使是比较出色的管理者也几乎难以达到目标，因为一方面在这么短的时间内无法建成数量足够多的电网，另一方面难以用能够承受的电价来确保供电安全。我始终认为，我们最初在 2000 年就退出核能计划进行谈判时的时限比较合理，也就是 32 年。

在那期间就发生了福岛核电站事故，所以一切开始加速。

但是不要忘记，我的后任先是把我谈判达成的核电站关闭时间做了让步，延长了 14 年。接着发生了可怕的福岛核电站事故。那种认为福岛之后必须重新考虑德国所有计划的观点也不正确：既不能过度戏剧化地渲染德国核电站的危险，也不能一下子全部关闭核电网。应当为取代核能源保留一些必要的时间。

福岛核事故后，安吉拉·默克尔就面临巴符州的议会选举。如果您面临这样的州选，还会那样理智地论证吗？

是的，我对默克尔女士的过激行为不能理解。为什么她没有那种高尚品质，敢于在福岛核事故后坦诚宣布，我们愿意回到红绿政府谈判达成的共识上来。没有一家能源提供者会因此而提出起诉。我们在谈判中达成的时间限期内，不仅可以建成电网，而且可以继续扩建核电站的替代工程。

如今造成进度可能迟滞的一个原因是，某些人的行为形同患有轻度精神分裂症：既想要绿色能源，又不愿意在自家花园中铺设管道，而这些管道是将电流从海边风车输往各家各户的电线。

毫无疑问，政府必须克服这种矛盾现象。我们知道，最好的方法是通过对话来解决。然而这个问题可能像斯图加特 21 工程①一样旷日持久，我们也很清楚。必须与民众沟通，明显改善迄今为止的沟通工作。这项政策最终必须得到贯彻。

您早在担任社民党青年团主席时就说过：退出核能的前提必须是资本利益与工人阶级组织利益的和谐一致。您当时就致力于利益共识？

很睿智，对吗？有关核能的辩论当时就有了，那是由

---

① Stuttgart 21，是一项在斯图加特市进行的铁路交通重组工程，旨在改善斯图加特连接巴黎、维也纳乃至布达佩斯的铁路系统。该议题始于 20 世纪 80 年代，2000 年形成斯图加特 21 计划后一直成为各党和市民中的争议事件，2010 年正式开工后备受市民抗议阻挠，当地警方曾动用水炮车和胡椒喷雾器对付示威群众。斯图加特 21 工程竣工时间一再推迟，可能将迟至 2022 年底，因此形同"烂尾工程"。——译注

20世纪70年代末美国三里岛核电站的堆芯熔毁事故引发的，那次核事故差一点引发氢爆炸。我当时就说，简单地取消所有核电站是行不通的，我们必须与供电商和工会进行商议，究竟应当怎样组织。解决这种问题必须达成共识。我在1990年当选州长后，立即采取了第一次尝试：政府、化学工会、供电商。绿党当时打出了著名的口号"共识等于胡扯"，对此进行强烈抗议。后来，当我们在柏林联合执政后，绿党籍环境部长于尔根·特里廷话锋一转："没有共识等于胡扯"。但是，90年代的这些谈话主要是被社民党内部同志所破坏的。

为什么？

引人注目的是，当时党内组成了联盟：时任萨尔州州长的拉方丹也参与了。他们采取了所有做法，以示将更快地退出核能源。实际上是各个主角之间的政治竞争。大多数领导同志又认为我想同"资本"做幕后交易，而其他人则一意推行。因为他们在社民党各委员会中占据多数，于是那个项目就被搁置下来。一直过了足足十年，我们在联邦政府内才重新考虑早先那个共识方案。几位开明的能源经理人此时已经理解了，一项能源政策在社会大多数反对的态势下是不可能推行的。在临时充当总理府的前东德国务委员会大楼内，我们在一次夜间会议中与能源供应者圆满达成了共识协议。

163

核电站退役时限为 32 年的协议是怎样达成的？

反正与科学无关。当我们与能源供应商谈判时，也就是 2000 年，他们希望的时限是 40 年，而赞成退出核能者的要求是 25 年。二者相加就是 65 年，减半是 32 年半。于是我们通过谈判把那半年抹掉了。

看起来相当任性。如果工业界要求 50 年，时限就会是 37 年吗？

不。最终必须达到一个双方都能接受的数字，一方是政府，另一方是企业。

如果能源转型在 2022 年不能如期实现，将会有什么后果？我们仍将关闭核电站，并从捷克和法国进口核能源？

我不相信会这样做。首先还是要考虑时间表。

否则太丢脸了是吗？

我是会有这种看法。通过调整电价来促进可再生能源，可能导致消费者，尤其是收入榜尾的消费者，有朝一日奋起反对："我们再也受不了了！"通过补贴来推动可再生能源，并使其拥有市场竞争力，这种做法是正确的。问题在于：不是所有消费者都愿意为此埋单。我们解放一部分工业，使其维持国际竞争力，这是必要之举。但是与大宗消费者的谈判导致政府受到生产行业的压力：德国的工业发展依赖于能源，这将构成政策的关键问题，也是未来数年面临的巨大挑战。否则我们将失去本地优势。电价必须维持在可支付水平。

能源政策的主要弊端，似乎早在红绿联盟制定可再生能源法时就已经开始了？您当时计划了数十亿巨额资金的再分配：电能消费者支付的钱，落到了巴伐利亚及其他各地太阳能设备安装者的手里。

是的，应当审视一下可再生能源法分担款项的额度。可再生能源法是一项跨时代的法律，而且在许多国家得到了复制。今天的问题是还需要多少补贴？可再生能源究竟什么时候可投放市场？如果这个时机成熟了，就必须经受市场的考验。如果禁得住考验，就无须长期补贴。不过我认为，引进可再生能源必然是有成本的：毕竟通过能源转型可以改善环境指标。

太阳能光伏产业正在呼唤针对强有力的外国竞争提供保护。

贸易保护主义是荒唐的。不妨以德国纺织业为例，它也面临相似的竞争压力。纺织工业不知从什么时候开始终于明白了，大宗商品的生产已经不能维持正当成本了。工厂不得不转移出境，经过斯洛伐克和土耳其，最终到达中国和越南。在与土耳其总理埃尔多安的一次讨论中，他谈到了保护土耳其纺织业的问题，当时我介绍了我国纺织业得以维持生存的做法，亦即高度专业化具有全球性意义。我们在国内设计、精加工并销售。这就是说：我们可以把粗加工生产外包出去，但是保留珍贵的就业岗位。光伏产业的企业家也应该走这条路，而不是指望国家援助。

光伏产业院外活动集团早就习惯于受到公众舆论的宠信，而核能院外活动集团则始终被视为坏蛋。

这源于人们恐惧程度的不同，其理由完全可以理解。起因是迄今在德国仍不明确的核燃料棒最终存放地问题。

……您对此也有连带责任，对吗？早就计划将格莱本当作最终存放地……

是的，但是我们过去和现在都知道格莱本行不通。并没有最终决定放在格莱本，因为存在着某种安全问题。当恩斯特·阿尔布莱希特在汉诺威担任州长期间，有意识地选择了一处盐岩层，况且尽可能远离腹地、贴近当年的东德边界。这是当年决策时的背景。不可理喻。此外，与当年扩建核电站关系最为密切的那些人，也就是巴伐利亚州的基社盟和巴符州的基民盟，如今却成为尴尬的聚焦点，因为他们在尝试选址时居然袖手旁观。

施罗德先生，我们谈到了中国的作用。如今德国经济对中国市场有着很强的依赖性。有朝一日中国人也会尝试向欧洲出口豪华汽车——不再仅仅满足于购买奥迪、奔驰和宝马车了。

如今已经无法阻挡新竞争的层出不穷。世界贸易只有这样才会运转。德国经济的工业化，德国大中企业的重新组合，恰恰是我国模式之强大的缘由。德国工业生产门槛国家所需要的产品，从而能够组织其扭转落后局面的进程。因此，时常发出贸易保护主义的呼声是根本性的错误。这样的措施将引起对方反应，而作为出口国的德国，是在面对自由贸易时最缺乏吸引力的国家。况且，贸易保护主义和政府补贴根本就无法保护那些缺乏国际竞争力的行业免于衰退的命运。如果德国生产因为成本原因无法维持，企业就必须实现专业化，因此就必须集中精力从事研究、发明和设计。

但是我们作为设计国家几乎难以存活；德国需要生产，需要汽车厂，而不是汽车设计师。

167

正是。我将是最后一个赞成德国去工业化的人。工业化是一项高档财富，必须认真维护。但是必须清楚，德国怎样生产才会值得。大家难道不觉得奇怪吗？许多人纷纷回到德国，而他们不久前还认为在波兰、捷克或其他国家可以降低生产成本。在许多行业中，劳动力的成本比例正在降低，工资差别已经不再那么大了。如果同一件产品在同等质量前提下，在其他国家生产会更便宜，并不一定意味着我们必须保护德国的工厂。我们在汽车生产领域没有这样做，我们也不需要这样做：我们的汽车生产者就是比别人出色。这是我们的秘密。那么政府究竟在什么地方有义务给予支持呢？那就是能源成本——因为德国不可能生产能源。不过我要强调一句：国家若想保护工业不受竞争，从来就没有奏效过，未来也不可能奏效。

这也说明，人为地拔高一个行业不会有效果，如果国家自以为对未来需求的了解超过市场。

如果是指长期补贴政策，你说得对。另一种情况是，政策也可以推动市场——例如电动汽车行业。我认为这样的做法是正确的，即国家对进入市场给予刺激，包括物资援助，从而帮助某种新工艺的突破。

您主张国家资助下的购买力刺激？

这是一个事例。国家通过发放小型轿车报废津贴的方式，以良好的愿望推出了凯恩斯主义计划：国家帮助那些消费者购买汽车，即那些原本愿意买车，却因普遍萧条的经济形势，也是因为担心失业而一时未下决心的消费者。这是一种理智的经济政策行为。

"Fracking"[①]**——使得美国的能源便宜了 50％。这种方法怎样才能让德国工业接受？**

能源价格关系到德国生死攸关的利益。价格必须再次下降：出于社会原因，普通工薪阶层难以承受，同时也是出于经济原因。现在第一家德国企业已经开始考虑其投资决定。例如，如果一家大型化学康采恩计划在美国建三家工厂，其动机并不是因为它对德国漠不关心，而是因为它想保持其国际竞争力。其结果当然意味着德国失去了就业机会，政府肯定会反对。因此，我认为对液压破裂法进行试验是明智的。但是我并不相信页岩天然气在西欧将扮演突出角色，因为我们的居住密度太大，而且环保意识也比美洲地区先进得多。德国在过去几年内错失了恰当关注资源供应安全的时机，把太多的时间放在协调私有经济方面。人们还没有意识到，国家必须拥有一项资源政策。恰恰在许多资源方面我们需要俄罗斯，也需要哈萨克斯坦。

---

① 液压破裂法，系指利用高压将水、化学物资和沙打到地下，以获取天然气的方法。——译注

德国工业的强势回归之所以令所有人感到惊讶，一个重要的原因是最近几年内工资水平的涨势得到抑制——这也是国际竞争的压力所致，是中国劳动力蓄水库无穷无尽的压力所致。中国现在的工资水平已经大大上涨。

中国工资开始上涨，而且将持续上涨。这是理智的，因为中国的内需强劲。但是，这也导致中国的生产外移，先是移往越南，然后又移往纳米比亚和孟加拉国，而那里的工人忍受着残酷的工资待遇。另外正如人们所说的那样，我们在德国看到了相反的进程：这里的公司重新创造了就业机会，并以其诚实本分的名声闯遍全世界，尤其是中等规模的企业。这是一个值得注意的动向。

您把那些在世界市场上千锤百炼的中等企业视为英雄。您确信它们可以担当经济顾问或是其他专家？

政治家的任务是保护那些所谓隐形冠军。那些中等企业以其专业化登上圣坛，成为世界市场的引导者。它们构成了德国的经济实力。我所说的保护不是补贴，而是培训、研究、工艺。这些都是我们的强项。

尽管如此，那些中等企业家拿到选票后总是在基民盟下面画叉。为什么社民党没有把这个圈子看作自己的领地？

这与传统有关，与社会环境有关，也许担心过度规模的再分配政策。

提高税赋是吓跑潜在选民的最保险途径——不仅是企业家。

关于提供最高税率的问题，当然可以商议。但是，赫尔穆特·科尔担任总理时的税率高达53%，但是人们还是投票给了基民盟。我赞成适当提高遗产税，但是必须讲清楚，国家只有在确定较大的免税宽限尺度之后，才可以对家庭和子女的遗产征收税赋。

您为什么要说这些？是因为国家始终可以征收税款，还是应当争取社会公平？

我赞成在一个开放的社会中实现公平的晋升机会。我赞成每个人都有晋升机会，而非取决于他的出身和社会背景。这就是说：这一代人挣来的钱和实现的财富，可以予以保留。所以我反对在这样的案例中征收财产税。但是，如果财产被下一代人继承时，国家可以并应当分享。

如果要让所有人都拥有同等的起步机遇，孩子就不应当继承任何财产。每一个孩子都应当从头起步。

并非如此。即使提高遗产税也不是为了达到这个目的。一些孩子还是可以享受到某些特权——继承的祖屋，享有的教育机会。这就涉及一些中产阶级：这些家庭在企业中投入了资本，国家当然应当给予他们特权；只有在遗产继承、导致资本从企业中外流时，这些特权才应予以课税。我之所以赞成这一途径，因为它会激励每一代人。下一代人理应依靠自己的力量创造富足生活，我认为这是天经地义。

您的话听上去像费迪南德·皮耶希说过的话，他说，没有什么比没落遗产更令他厌恶的了，那些钱就像是乘坐任何一艘快艇穿越而来的……

这句话我没有听说过，但是相当符合他的性格。他不属于那些坐等财富的人——他若继承遗产将是相当可观的一大笔。他是汽车行业的一位天才人物，他的职业生涯始终处于一流水平。当年是我把他请来的，如今我感到很自豪。

是您把费迪南德·皮耶希请到大众集团的？

那是 1990 年初，下萨克森州当时是唯一的大股东，而我刚刚当选州长不久，并作为大众集团监事会主席团成员。当时面临的问题是：由谁担任大众首脑？时任奥迪董事会主席的皮耶希？还是已经是大众董事会成员的丹尼尔·格乌德弗特？德国最大的工会组织 IG Metall 支持格乌德弗特……

……这个组织在集团中通常极其强势……

尽管如此，我还是说出了自己的意见：我要同两个候选人谈话。我这样做了，而且还同许多其他经济界人士分别进行了交流。我的党当时把格乌德弗特视为最大牌的明星之一……

……这位法国人当时被视为"奇思怪想者"，他谈论生态超过汽车。

他的工作做得不错，他确实是一个高素质的人。但是费迪南德·皮耶希总体而言比他更加坚定。他没有在墙上挂巨幅草图，而是完全靠准确的口述去说明当时面临的问题——问题非常严重，他对此十分清楚——以及他将采取什么样的具体措施。

大众集团这条船上的冗员多达数万人。

后来的调查表明，这并不是主要问题。问题在于整体成本。皮耶希制定了精确设想来解决这个问题。作为最大股份拥有者的代表，我因此做出了倾向于他的选择，并通知了工会组织。与 IG Metall 的谈话很艰难，有些人的表现带有明显的个人色彩。我无法排除潜在后果。

您帮助费迪南德·皮耶希当上这个职务，他有没有至少事后感谢过您？

下萨克森州没有理由后悔做出这项人事决定。正相反。但是，没有必要感谢，我也从来没有指望他来感谢。

您有没有公然地宣称：大众是一个证明，证明国家资本主义是可行的！

大众确实是最好的一个范本，证明一个州作为财产拥有者，可以参与一个集团公司的塑造，使之达到世界顶级水平。有谁能提出反驳？为达此目的，条件是政治不要干预具体业务。一个州长不能去对一个汽车制造者说，应当在什么地点生产什么型号。作为主要股东，我们也从来没有这样干预过。于是，大众在下萨克森州的庇护下成长为世界最佳汽车制造者之一。

不过，大众帝国十分依赖这位天才的皮耶希。如果这个专制君主有朝一日辞职了，将会出现什么情况？

这样的一个世界级企业，是不可能由一个人领导的，需要许多人一起合作：股东，一个出色的经营班子，一群有干劲、有素质的就业者，还有工会。

费迪南德·皮耶希始终能够十分巧妙地驾驭各个企业职工委员会，向着他的目标前行。

我迄今一直能够理解他的做法。他从不违背工人的意愿强行贯彻。因为有一点很清楚：如果大众有一个团队，它把企业的兴旺置于一切之上，那就是工会和企业职工委员会。

他们真的是为了整个集团公司的兴旺，还是为了德国这个产地？

他们为的是企业。企业职工委员会始终很清楚，德国的就业岗位也取决于企业在国外，例如中国的存在。每次要向中国投资时，他们从来没有干预过。他们的做法值得保持下去。我们在德国的经验表明，参与决策具有完全积极的意义。企业职工委员会十分认真地关注企业生产所在地各州的劳动条件。我知道那些盎格鲁－撒克逊人是怎样以蔑视口吻评论德国的参与决策权做法的——我认为参与决策权已经证明是一件好事。

第十章
领导和执政的乐趣

施罗德先生，您把政治当体育一样经营：更高，更快，更远。您早就树立了目标：总理府。

我早就相信自己也许能够达到这一目标。因为，自信是达标的前提。我肯定早就拥有足够的权力欲和雄心，早就有了这一目标。

此外，您曾向所有人表达过这种权力渴望。

如果你想进总理府，你就必须说：我想当总理，我无论如何都想当。我也知道，我是正确的人选，我将为此切实斗争，争取每一票，只要情势所需。如果你在竞选时的行为让人看出来不够自信，那你就不要怪别人说：啊哈，连他自己都不自信……于是，你的这种行为肯定会导致失败。因为人们想感受到并亲眼看到：这个人可以胜任。

要想赢得竞选，除了权力欲望和自信外还需要什么东西？

凡是想取得竞选成功的人，必须具备两个重要的铁锚：第一，首席候选人与本党之间的关系，不一定十分密切，但是必须过得去。第二，他必须有一个稳定的家宴和一个良好的朋友圈。这些朋友不一定必须来自政界，而且非政界的朋友更好。总之，重要的是要有一个可信任的圈子，你可以坦率地说话而不必担心有人把你的话向公众泄露。

一个人需要多少真正的朋友？一个顶级政治家有多少时间维护友情？

取决于双方。归根结底，一个人至少需要一个朋友。请读一下席勒的《担保》①。那位诛戮暴君者只有一个朋友，但是为了保护他而自己被钉在了十字架上。我有多个朋友。最好的是那些无求于你的人，具体到我呢，尤其是那些来自艺术界的朋友，作为总理，你无法帮助他们。你的问题切中了关键点……

……缺少时间？

是的。作为总理，确实缺少时间与朋友交往。友情需

---

① Bürgschaft，德国诗人弗里德里希·席勒写于1798年的一首叙事谣曲。——译注

要呵护，互相之间都要付出时间。但是当总理的人没有这个时间。剩余的一点点时间，属于家庭，况且给家庭的时间已经太少了。这确实是一个很困难的职位。时间永远很紧张，这种紧张你无法摆脱，即使在假期里也不例外。如果一个联邦总理去度假，联邦情报局就会在你的房间旁边搭建一个套间，以便随时可以上呈情报——包括加密文件。这就是说：你的身边永远围着人。

安全人员时刻在催促您，剥夺了您的所有私人空间？

慢慢就习惯了。通过警卫手段取消私人空间的做法，对我来说已经无所谓了。糟糕的是总理职位的责任感带来的紧张情绪，一直挥散不去。还有，你作为德国总理在全世界都有一些知名度，无论到哪里都会被认出来。我在伊拉克战争问题上的决策，给我带来了极端的色彩，即使在中国，时至今日走在街上还是到处有人与我打招呼。

从时间和精力的消耗角度看，几年律师工作可以相抵一年总理辛劳？

二者不可比较。政治生涯中，每天工作时间少于 16 小时是不可能的，包括相对自由的周末。而精神上的负荷，至少与时间上的重负一样严重。你始终在一种极大的压力下工作，而这种压力来自各种无法预测的话题，例如国际危机、冲突甚至战争，而且也来自公众媒体。媒体的一切做法都是公开的，包括你的私人生活也被全部公开。你在媒体面前无法抵御；用法律界的称谓来说，你是"当代人物"，所以根本就没有什么隐私。因此，从政的那些年，要比其他高档次职业紧张得多。我认为甚至比一个大企业的领导更加紧张。大企业领导的劳动强度也很大，但是其言行较少被公开。此外，从政时所面对的话题，大概是最具多样性的。你不必了解一切细节，你也不可能做到这一点，但是你必须知道遇到问题怎么处置。这一切导致有天才的人会说：为什么我要去自寻短见？

经商可以挣多几倍的钱。

并不是说政治家获得的报酬太低。何况，这是自主决定，而且事先知道，此类显要职务获取的收入少于经济界可以类比的同等职位，也少于自由职业中成绩卓越者。没有人是被迫竞争政治职位的。一个人从政，或者是出于兴趣，也许是出于虚荣心，无论如何是出于比其他行业具有更多的激情。为此可以舍弃很多。

您早年当政治家时，是否有过机会应邀转行当某家集团公司的董事？

不，从来没有过。我也从来没有做过努力，因为我的眼前有一个目标……

……总理府……

……这就排除了提前转行的可能性。

如果在超级商海飞黄腾达，完全有诸多优势，不仅仅在经济方面。一位集团公司的董事长可以随心所欲地说：不要安排晚上日程，周末黑莓手机关机，除非工厂飞上天了。这种自由您作为总理是享受不到的。

基本上享受不到。也有个别时段你可以说：今天晚上我不想被打扰。你也可以拿出一个星期日享受自由。总不会天天像滚轮上的仓鼠一样跑步不止。但是，作为总理你必须随时能够联系得上。

谁有权力掌控总理的日程？一位国务政治家对自己的日程有没有自主权？

日程受到外界的严重操控，你根本就无法摆脱。来了一位外国客人进行国事访问，你很难说：很遗憾，我现在更愿意去吃点冰激凌而不是与您一起去午餐。您必须亲自出席欧盟理事会，而那些会议相当拖沓。在双边会晤时，你通常不能请人代表，否则你的客人或者主人会产生误解。此外，内部还有很多日程。在德国这样的联邦制国家，每一个比较大的地方选举都被视为联邦大选的试探性选举，你必须在各个层级的集会上亮相。我认为这些活动明显过度。或许有朝一日可以把两三个日程合在一起，将州议会选举和市镇选举集中起来一起搞。否则你有太多竞选工作的必修课，相当令人紧张不堪。

早就有人说：在现场、马路上进行竞选的时代已经过去了——利用其他途径接触到的人多得多。尽管如此，政治家还是愿意在集市广场上大声叫春。

每一次竞选都要经历公开集会，这个时代根本就没有过去。我所经历的最后一次竞选活动，正是这样的集会形式。现场来了数千人。通过电视当然可以接触到更多人，但是集会还有其他功效。

什么功效？动员干部？

这也是其中之一。但更重要的是，组织完美的集会可以使你获得快感，这是选举前的关键时间点。如果你在集会上登台亮相，令数千人为你感到陶醉，你就会想：太值得了，看上去反响不错。如果换了我，我不会愿意失去群众性集会的场合，这是一种经历。不过，如果遇到一个只装满一半人的大厅，那就比较糟糕了，其效果是相反的。好在我没有遇到过这种情况。我每次到场都是人满爆棚。

您相信下一代政治家也会通过竞选集会获得快感吗？就像您身边的约斯卡·菲舍尔自诩的那样，是最后一代现场摇滚歌手？或许下一代新党员宁愿使用推特？

或许会有一些区别，所以现在也使用这些社会媒体。但我不相信竞选斗争会仅仅局限于这些媒体。为什么喜欢推特和脸书的人就不会去大型集会现场？

您刚才提到了面临的持久压力。怎样才能舒缓？通过体育活动？

我有时打网球。例如，我在加拿大参加一次国际峰会时与托尼·布莱尔打过一场。他去旅行时还带着自己的女教练呢，但是尽管如此还是没有机会赢我。那是早上7点，躲开了任何媒体。体育对减压效果很小。最重要的手段是排遣。

怎么才能奏效？闭上眼睛，硬挺过去？

政治家受到的压力，都来自负面报道。对此类报道你必须要有思想准备，有时多一些，有时少一些——作为社会民主党人，你承受的负面报道常常会多一些。你必须尽力予以排遣，方法是对自己说：现在我已经感受到了，不过明天还会出新报纸。如果你把一切都吞咽下去，你根本就当不了政治家。

这就是说：面对公众意见需要采取某些傲慢姿态……

……"傲慢"或许措辞不当。"优越感"或许更加贴切。干脆地说：我更了解情况。就这么简单，过去了。

自我怀疑无论如何不好吧？

自我怀疑不一定是坏事。在与一些非常优秀、非常守口如瓶的工作人员在一起的小范围内，你可以问，哪些批评应当引起重视？如果由此得出结论：某些地方需要纠正，那就应当去做。但是你内心必须坚信自己的立场是正确的，否则你就不敢公开阐述你的决定——观众马上就会看出来，尤其是在电视上露面时。

训练有素的政治演员总是能够完美地诠释其每一个行动？

这样的政治演员根本就不存在，除非这个政治家一言不发。凡是对自己的意见没有足够自信的人，我常常建议他：你哪里都可以去，但是不要上电视。在你犹豫的片刻，也就是你的句子超出了必要的长度时，观众马上就听得出来：那个人自己都不自信呢！

为什么很少听说政治家因公开压力而精神崩溃的事例？是因为很少发生这种事，还是人们不去议论这种事？

这样的事例是有的：马蒂亚斯·普拉茨克，他当了短时间的社民党主席和勃兰登堡州州长就辞职了，因为他感觉到：这样下去我会生病的。必须对他放弃职权的行为和方式给予高度评价。这样的超负荷事例很多，或许人们谈论得很少。说得对，这类话题应该给予更多的关注。

政治家往往在一个日程到另一个日程之间忙碌奔波，究竟什么时候才有时间进行思考呢？知识是怎样补充到政治里的？

思考方式因人而异。对我来说，各种谈话总是十分重要。当然啦，我也会翻阅卷宗。我还会请工作人员就一个问题写一页纸的要点。我对他们说，如果写长了，我担心你们自己也未必弄得清楚。内部范围的此类谈话十分重要，因为不会曝光，也可以用不着小心翼翼。如果你在最紧密层的范围内还要担心走漏风声，那就是出现了漏洞，事情就麻烦了，必须立即采取措施，否则你无法坦率地说话，也会出现矛盾。

您强调了这个权力内部的小圈子，它是您各个决策的基础？来自外界——专家、学者——的声音没有作用？

不，当然有作用。我常常与来自经济界、科学界的代表见面。例如，所谓的经济智者小组主席贝尔特·吕鲁普教授就是其中之一。总理府邀请的杰出作家和哲学家圈子也很重要：君特·格拉斯也在其中，还有马丁·瓦尔泽等许多人。在我们出兵干预阿富汗之前，我同赫尔穆特·施密特谈过话，也同里夏德·冯·魏茨泽克、汉斯-迪特里希·根舍、赫尔穆特·科尔谈过话。

您提到了君特·格拉斯。他最近发表了与威利·勃兰特的通信往来，由此可以看出他对后者曾经多么追捧。您在担任总理时也经历过这类事吗？高度知名人士像年轻人崇拜足球明星一样追逐您？

知名人士当然会有吸引力，令人产生亲身结识的欲望。面对政治名人，则又额外增加了权力的视角。你必须与崇拜者打交道，尽可能友好地面对——在万不得已时，也可以不友好一次。具体说来，无论过去还是现在，君特·格拉斯对我来说都很重要——不过不是从他获得诺贝尔奖以后。我们早在 20 世纪 70 年代初期就认识了。在我看来，他现在是、未来依旧是德国最伟大的作家之一，无论他是不是写了一些令人费解的诗歌。此外，我与他并非过从甚密，就像他与威利·勃兰特的关系那样，而是有几分距离的友谊。这个距离是地缘距离。

那位"来自海德堡的教授"保罗·基希霍夫①，恐怕是您永远的伤痛吧：在竞选斗争中如此对骂，究竟是因为您对学术界人士干政行为的普遍厌恶，还是纯粹的战术考虑？

那是因为竞选斗争。后来我在一个委员会的会议上近距离结识了基希霍夫教授。他是一个很博学，也很有趣的人。他当时没有想到，很可能根本就不知道，作为反对党候选人指定的财政部部长人选，在竞选中当然可以采取别的方法，而不必以一个科学家和前宪法法院法官的面貌示人。我没有要求他改行从政，避免让他自寻短见。让他从政的是那位女挑战者，基希霍夫接受了她的邀请，可能也有一定程度的虚荣心驱使。这些都完全可以理解，但是他必须尊重结局。

那位"来自海德堡的教授"从对手那里寻找薄弱环节，究竟是他的本能想法还是战略作品？

这是本能，是在拉开竞选序幕的党代会上。基希霍夫到处宣传他的税制模式，他写道，德国的一个女秘书拥有1.3个孩子，并有"一定比例"已婚。统计学上是没错，

①　2005 年大选前，默克尔邀请海德堡大学法律教授、财政与税务研究所所长、前联邦宪法法院法官基希霍夫出任影子内阁的"财政部部长"，他主张给德国经济以"自由化的迎头一击"，以统一税率取代现有的复杂税制。他的助选一度引发与时任总理施罗德之间的激烈争执。——译注

但是显得冷冰冰的，有点不食人间烟火的味道。一份精彩的草案，引起党代会的喧嚣，成为竞选的热门货色。

您事后怎样描述您的主政风格？所谓的柏林内部知情者强调是团队协作，即所有人围绕施罗德的意愿工作。

不准确。一个总理必须在总理府内确定方向，这一点没有问题。否则会或低或高地跑偏。当时非常幸运的是，我有一位特别能干和忠诚的总理府总管弗兰克－瓦尔特·施泰因迈尔，他为我承担了很大一部分工作。如果一个总理不得不靠凶恶对待工作人员的方法树立威信，他就不会有威信。我从来不会采取这种领导风格。此外，我更喜欢通过讨论而不是阅读进行学习。这也与我的律师职业有关。如果总理府内的法律学者说，这样做不符合宪法法律，我会回答说："伙计们，你们不要告诉我什么不能干，而应告诉我应该怎么干。"如果一个人接受过司法培训，就知道每一个问题都有两个观察角度。如果你在从政和从商生涯中给你的法律部门过多话语权，你甘冒风险的意识就被窒息了。

您的领地不能只靠法律学者获得收成？

法律学者是需要的，但是他们不能成为疑虑者，不应要求拥有解释的权威。法学是一门好手艺，是一件非常有用的工具，可以用来处理事实真相，用来分析事实和切中要点——不可不到位，不可超过分寸。

如果某一位疑虑者阐明了他的观点，会从总理府内透露出去？

很少发生。这样做对讨论毫无益处。作为总理，必须要有出色的论据。

施罗德先生，您现在是如何利用媒体的？一位退役总理怎样随时了解最新情况？

我会阅读手边的东西：政治书籍，杂志，五六份日报。谈到媒体行为时，我是很保守的。

您在政治仕途上始终与媒体打交道，您与媒体交往时的金银丝编织手法赢得了"媒体总理"的称谓。

始终有人这么说，但是"媒体总理"这个罕见的名词究竟意味着什么？我的风格是，与记者打交道时保持坦诚、增强信任，因为我尊重这个职业。我很少让他们失望，很少很少。我从来没有媒体战略、媒体顾问或者媒体教练。我也不需要这些。我也从来没有想象或者期望媒体给我做积极报道。当然我也会时不时地对某篇坏文章或不实报道感到生气。但是你必须承受和排遣。政治是沟通。如果你不喜欢沟通，就把手拿开——既不要搞政治，也不要进行沟通。实际上这就是所有的秘密。

您喜欢这种沟通。

我历来喜欢沟通。当然你必须具有准备内容、做出决断的能力。但是归根结底，你必须喜欢沟通，不仅要与媒体沟通，也要与观众沟通。

而您的选择曾经很严格："靠图片报、电脑和电视机三样执政就足够了"——这是你自己说过的。

第二天我就明白了，我的话惹怒了许多与此并不相干的人。但是我要对此道歉吗？随意失言反正覆水难收。偶尔不假思索地说话，总会在世界上继续活下去。当然，人们需要有根有据的报道。有一点是事实：如今对一个政治家来说，如果没有轰动性消息、轰动性题目，就很难将你的信息传达给每一个人，所以你无论如何需要电视这个平台。

赫尔穆特·施密特曾经说过：电视里的脱口秀节目摧毁了民主。

然而，脱口秀节目最尖锐的批评者赫尔穆特·施密特，令人惊讶地成为脱口秀的常客。

但是只有在允许他单独登台时，他才会去。

我可以理解他的做法。如今换了是我，我也会这样做：我不愿意在电视上与别人争论。

施密特不是唯一一个反对脱口秀的人。诺贝特·拉默特在担任联邦议院主席时一再批评说，电视脱口秀成为虚拟政治或替代政治的形式，取代了现场直播议会辩论的节目。

这个批评我无法理解。如今人们的沟通行为已经改变。当年德国官方电视台 ARD、ZDF 毫无竞争地连续几小时直播议会辩论的时代已经终结了，已经不可逆转了。

如今联邦议院中是否还有一些热情激昂的发言者，其演说内容仍然足以占据电视黄金时段？

西格玛尔·加布里尔就算得上是一个真正出色的演说者，也有其他一些人完全具有娱乐价值。

您在紧急状态下——东部德国发生洪灾时——提供了视频大师之作：洪水帮助您赢得了 2002 年的大选，仅次于反对伊拉克战争带来的选票。

克服洪灾后果之举，确实对大选胜利相当重要，甚至可能具有决定性意义。政府借此表明了自己的行动力。我们确实有行动能力……

……能力也体现在穿着几双橡胶雨靴、爬上堤坝？

那些是画面。但是我们当然也有实际行动。关键是，我作为总理立即前往灾区了解情况。而我的竞选挑战者埃德蒙德·施托伊伯，却在继续他的竞选之行，很晚才在现场亮相，对此我当然加以利用。不过，那是他自己的决定。我决定立即前往灾区，采取紧急抢救措施，例如派遣联邦国防军，给受灾者带去了一个重要信号：这个人干实事，没有对我们袖手旁观。

采取了哪些行动？

我们做出了两个重要决定。首先，我们派出了一个委员会，其任务是组织受灾城乡重建经费的分配。作为这项工作的领导者，我争取到了联邦总统里夏德·冯·魏茨泽克。久经考验的联盟党政治家、联邦各新州问题的出色专家库尔特·比登科普夫也参与了这项工作。其次，我们必须动员已经承诺的必要资金。那是一个巨大的挑战，因为费用高达 75 亿欧元。若想保证财政经费，必须推迟原定 2004 年到期的税务改革第二阶段。实施这一举措的同时也要展开政治交流，使得大家同意并认可，只有集中共同力量才能抵御灾难。他们认可了这些措施——也提供了捐助。这样的团结声援行动，后来再也没有发生过。

类似事件也曾发生在赫尔穆特·施密特的身上，他作为实干者的形象是在汉堡遭受洪灾时树立起来的。

这样的对比基本上是正确的。当时，施密特是汉堡市负责内政的市政委员，他在灾难面前证明了行动能力。在评价一个政治家时，人们总会挑出某一个点说：他曾经这样做过，所以我不能完全赞成他。但是，他在当时形势下的所作所为，向所有人证明了一点：在紧急情况下，他是可以信赖的。

就政治仕途来说，一般情况下需要做多少媒体工作？

开始阶段需要很高的投入。因为你希望而且必须让广大观众熟悉你。尤其在这个阶段，你必须始终保持在媒体的出镜率。在 20 世纪 70 和 80 年代，你在走上仕途之初只需牺牲一些个人隐私就可以奏效。也就是所谓的家庭逸闻。一旦达到目的之后，你必须重新为保护隐私而斗争。即使是仅仅为了自我保护。否则，你只要示人一只手，媒体就能把你整条胳膊都扯下来。

施普林格集团董事长德普夫纳曾经透过他麾下的《图片报》说过这样一句话："我们能把你捧上天，也能把你打入地狱。"

是的。这就是一个根本性的问题。所以我要规劝每一个男女同胞，你在踏上仕途之初牺牲个人信息时务必十分谨慎。因为一朝泄露出去，就永远无法收回。这些故事就会失去监控，以讹传讹。况且，某些媒体代表毫无底线，甚至在孩子面前也口无遮拦。于是你必须坚决地自卫。在这样的情况下，我和太太从不手软，立即诉诸法律。有时不得不采取法律手段，以阻止一个明显错误的故事流传出去。诬称我染发的那个故事就是其中一例。

您通过法庭决议来禁止人们谣传您染发。

我的工作人员当时对我说：让这个谣传不了了之吧。但是，这么一个小节突然被解释为性格特征了。所以我必须自卫。当时，有一个议员在议会站起来说：一个为自己头发染色的人，也会为决算数字染色。接着一位女记者将施托伊伯与我做了一个比较：施托伊伯承认自己的头发已经灰白，而那个施罗德却染了发，显示自己比较年轻。他们的话根本就不属实。我真的从来没有染过发，我根本就没有想过要染发，为什么要染发？联邦宪法法院对这个故事做出了一个判决。我对媒体的态度从此发生了变化。起初我对媒体过于轻信，后来就变得谨慎多了。

您曾经以总理的身份坐上了"猜猜看"电视节目的沙发。

我之所以这么做，是因为我认识主持人托马斯·戈特沙尔克。时而出席一个大众化节目，我向来不认为这种做法有什么不妥。如果以为坐在一场国际足球比赛的看台上、被电视曝光就可以赢得大选，那是一个巨大的错误。

安吉拉·默克尔在足球队更衣室会见过"小猪"及其队友①。您认为这种做法不会有助于争取选民？

这样做不会得到更多的选票。

---

① "小猪"系指德国国家足球队明星巴斯蒂安·施魏因施泰格（Bastian Schweinsteiger）。其姓氏中的词干 Schwein 意为"猪"，德国人喜欢在姓名的词干后面加一个"i"表示昵称，所以许多球迷爱称施魏因施泰格为"Schweini"，中文翻译即为"小猪"。——译注

第十一章
大联合政府和加布里尔的大师之作

施罗德先生，"Groko"① 是 2013 年的主题词。作为社民党的一名普通党员，您对大联合政府投的是赞成票还是反对票？

我投的是赞成票。早在本党刊登的整版报纸广告上，我就与赫尔穆特·施密特等人一起公开宣布了这一立场。

起初社民党基层反对与联盟党联合执政的呼声似乎很高。

起初确实存在着很深的反感，这种情绪不仅来自于本党左翼，而且来自于地方政治家——他们比较务实，喜欢就事论事。这种反感主要与联邦大选失利带来的情绪有关。西格玛尔·加布里尔扭转了这种情绪，其方法是首先召集一个党员集会，聪明地组织了一个党内讨论程序，从

---

① 德文"大联合政府"的缩写——译注

而为大联合政府的谈判开了绿灯。接着，在组阁谈判的过程中，始终以十分透明的方式向每一个党员通报进展情况。之后，加布里尔以敢冒风险的勇气推动了党员表决组阁协议的活动。

如果联合执政协议在党内得不到多数通过，就意味着必须走人、终止仕途？

他知道这个风险。我在这个时期曾经给他出过主意，建议他即使表决失败也要留任党主席。但他的回答是："不，那样的话我没有任何退路。"他不顾风险挺身而上。我相当肯定地认为，表决结果也是社民党党员对他的嘉奖。他们在做出决定时已经意识到，党主席正确地组织了组阁谈判进程，因为选举结果将证明，除了大联合政府以外别无其他选项。何况还有一个担心，万一组阁谈判失败，可能不得不重新选举，届时有可能导致基民盟和基社盟的绝对多数。几乎80%的党员参加表决，75%的党员投了赞成票——这一结果得益于西格玛尔·加布里尔个人努力及其谈判技能。这是党主席在党内持续取得的一个成就，从而增强了他在组阁谈判时的地位。

社民党获得了高度的谈判挤压潜力。

挤压手段属于德国社会民主党人的保留节目。说得对，西格玛尔·加布里尔因此能够在谈判中始终对联盟党代表寸土不让："如果你们想联合执政，就必须接受我们社民党中央会议的要求。"这是他的大师之作，其地位无可争议。他原本确实并非没有争议……

……从而自动成为下一位总理候选人？

他的计划理应由他自己在适当的时机宣布；现在谈论这个问题为时过早，虽然西格玛尔·加布里尔未来势必成为众人瞩目的焦点。

您本人如今与西格玛尔·加布里尔的个人关系怎么样？

众所周知，在我们相识之后的漫长时光中，二人之间的关系相当起伏。有时极为密切，有时也有距离。目前我们有着稳定的友好关系。

加布里尔曾经行事果断、唐突失礼，与您年轻时有几分相像——您对他是不是始终欣赏？

有时在谈及他的领导特质时，某些人持怀疑态度，我在特定时间段也曾属于怀疑派。但他目前的表现与这种怀疑态度是相悖的。

在社民党内，有一种反对大联合政府的借口是：这个党将长期固化为儿子党角色了。

我从来不认为这种观点站得住脚。我们只需避免再犯上届大联合政府，在 2005～2009 年间曾经犯过的错误。我们当时放弃了几个具有社会和政治重要性的政府部门，以换取误以为拥有强硬资源的部门，例如财政部。后来冯德莱因女士①证明，如何十分智慧地利用家庭部带来本党的政治优势：她延续了配额讨论②，并实施了原本由社民党籍前家庭部长雷娜特·施密特女士起草的父母津贴制度，等等。把这一领域让给基民盟是一个错误，我对此负有一定责任，因为我参与了 2005 年的组阁谈判。加布里尔的谈判能力比我们当年更加出色。利用先进的家庭政策，社民党可以在下次大选前努力赶超，因为女性选民十分关注一个政党在男女平等、女性就业和儿童抚养方面的政策取向。

这么说，您认为拒绝财政部的做法是正确的？

必须如此。如果有人征求我的意见，我可以对此提出

---

① 德国基民盟女政治家，曾任联邦家庭部部长，现任国防部部长——译注
② 系指 2013 年 4 月在联邦议会进行的关于"性别配额"的讨论，冯德莱因部长明确表示支持立法实施私营企业监事会女性高管人数的配额，以帮助德国女性在男性主导的大公司中突破"玻璃屋顶"，增强德国的长期竞争力。——译注

三条理由：第一，我们社民党没有必要为欧洲付账，应当由理应为其欧洲政策负责的那个政党来买单。第二，财政部部长必须绞尽脑汁满足各州州长的愿望……

……大多数州长是社民党人……

您设想一下：社民党籍财政部部长——很可能就是社民党主席本人——不得不驳回本党籍州长的要求，这一点并非易事。我的第三个论据是：如果社民党接替沃尔夫冈·朔伊布勒的部长职位，将是一个错误。朔伊布勒的工作非常出色。他在欧洲问题上呕心沥血。况且他在民众心目中享有很高威望。如果要解除他的职位，应该由默克尔女士自己去干，而不是社民党。

安吉拉·默克尔惯于挤压任何一个联盟伙伴——社民党应当如何规避这个命运？

我不参加对默克尔女士的妖魔化宣传。社民党在2013年联邦议会大选中的微弱得票率另有其他原因。

谁应该为社民党2013年的疲软负责？总理候选人还是竞选纲领？还是二者都有责任？

如果把疲软的选举成绩完全怪罪于候选人，未免过于简单化。必须反省的是另一个问题：社民党在竞选斗争中提出的提高税赋的议题，究竟能否获得成功？

您不相信以提高税赋为威胁能够吸引选民？

卓有成效的选战不应是这个战法。不妨回顾一下历史：社民党在以重新分配为话题时，从未获得过选战胜利。选战获胜的候选人只有威利·勃兰特、赫尔穆特·施密特和我本人。在勃兰特时代，决胜的关键是本党向社会中产阶级的开放政策和东方政策。施密特时代的关键是经济内行。1998 年社民党取得选战胜利的口号是"革新和公正"。这是社会能力与经济能力的结合。如果社民党打算再次获得胜利，就必须让人重新感受到，这支政治力量确实致力于德国的经济地位和就业机会，尤其是在工业领域内。现代化和经济能力必须成为主要口号。西格玛尔·加布里尔作为经济与能源部部长，必须有所展示。

如果他表现得过于注重经济，就会阻断其建立左翼联盟的可能性。

不。红绿联盟在什么时候特别出色地奏效过？我在下萨克森州和联邦政府的经验说明：只有社民党对基民盟的经济能力明确构成竞争的前提下，红绿联盟才会有成效。例如当年的"汽车总理"计划。我想说的是，我们代表德

国的制造业就业岗位。我们希望保持就业机会。在这样一
个执政联盟当中，社民党不能比绿党还要绿，不能比左翼
党还要背离经济——只有这样才能成功。结果如何，时间
将给予证明。

**目前社民党在经济能力方面还有很多功课要做：在启
动大联合政府之际，只有 20% 的德国人相信你们在这个领
域的能力。**

是的，必须加以努力。天上不会掉馅饼。

您对与左翼党联合执政仍然表示担忧？

自从红红联盟在某些州获得成功以来，我对此早就没
有严重的担忧了。

因此社民党也应该在联邦层面谋求合作？

很正确，社民党党代会已经决定，在考虑大联合政府
的同时平行召开。这样一来，我们就无须有压力了。与左
翼党联盟时也无须被迫考虑一个问题：允许与它合作吗？
而是只需考虑合作的标准：它的纲领内容可行吗？二者是
有区别的。

您的判断是什么？可行吗？

如果内容靠谱，即可行。左翼党必须放弃其非理性立场，尤其是要彻底修正其外交与安全政策和欧洲政策。例如，社民党不能在涉及军队现状的问题上冒风险，不能以屈从为代价领导这个国家。2017 年或许就改观了，必须观察左翼党是否已经脱胎换骨，那些老古董是否已经退位。

大联合政府必须有所展示。经济学领军人物已经警告：基民盟和社民党又将回归 2010 议事日程。您这位议事日程的发明者对此怎么看？

换了我不会走这么远。我一再强调：2010 议事日程不能等同于十诫，我又不是摩西。改革不应雕刻在石碑上，而应根据现实的社会和经济条件不断调整。这是理所当然的。

尽管如此，如果根据您的自由化原则而创造了全国就业纪录的劳工市场再度遭到绞杀，您一定会感到心痛。

我希望不会走到这一步。再说，这个问题还没有在组阁协议中给出答案。大家会十分期待着审视具体的措施。

大面积覆盖的最低小时工资 8.50 欧元就很具体呀！

说得对。我们早在 2010 议事日程中就想列入最低工资标准。但是这一努力在两个族群的反对下失败了。一是基民盟。在联邦参议院拥有绝对多数议席的基民盟根本就不会批准。二是工会。那些工会人士将此视为对国家确定收费标准的威胁。如今他们的立场已经变化了，德国经济界也不再持严肃的反对立场。因此我认为，只要没有特殊案例——例如组阁协议中宣布的季节性劳务报酬条款等，这一最低工资标准已经不再与 2010 议事日程水火不相容了。我更担心的是对退休制度的漫不经心。这将产生消极影响。

您把退休年龄推迟到 67 岁视为应对社会老龄化的一个改革成就。可是大联合政府如今走的是相反的方向：凡是工龄超过 45 年者，就可以在年满 63 岁时退休。

我认为这个规定有问题。虽然没有正式触及 67 岁的退休制度，但是它依然是一个错误的信号，尤其是考虑到我们的欧洲伙伴。我们曾经要求他们进行结构性改革，而这些要求是正确的。我可以理解这一组阁决议究竟想帮助哪些族群，但这丝毫改变不了核心问题：究竟应当怎样获得资助？然而令我惊讶的是，那些女性并没有发表看法，因为结果是明显的：收入较高的男性专业技工可以充分利用这一规定，而女性却因根本就不可能工作 45 年而无法享受。

碎片化的退休制度，也就是新的黑红联盟制定的第一部法律，相当于耗费公民的 60 亿欧元——如果 2014 年 1 月 1 日之前将退休金账户按原计划降低的话，意味着为公民节省这么多费用。

批评得有理。但是，真正的问题更加严重：这些决定并不仅仅是一次性的数十亿，而且是每年重复支出。这将导致几年后无可回避地面对一个问题：我们是否必须提高养老保险费？于是，我们再度面临制定 2010 议事日程时的抉择。于是，不得不再次开始新的、痛苦的退休制度改革，使得企业主和企业个人都能够支付养老保险费。这是确定无疑的。

第十二章
七十岁的人还会有梦想吗?

施罗德先生,17 岁可以有梦想,70 岁呢?您还有哪些梦想无论如何希望实现?

我没有梦想。当然有一些重要的私人愿望:全家保持健康,孩子们正直地发展。是的,您知道:我原本是一个幸福的人,我已经达成自己想达到的目标。

您当过总理。

不仅如此。我有两个目标:我一直想成为一名律师,结果成功了,而这对我来说曾经是难以企及的。我也一直想从政,想拥有极多塑造世界的可能性。结果也达到了。现在夫复何求?我的梦想是活到 100 岁?我的母亲几乎达到了这个目标,享年 99 岁。

如今对您来说金钱有多重要？

金钱可以创造自由。自由地干一些没钱时难以企及的事。金钱可以创造自由，自由地环游世界。金钱可以创造各种可能性，但也会带来困难。因此，适度、适中为好。

不过：标准在哪里？

每个人应当自己定位。当然，每个人都会有几个难以实现的梦想。

您喜欢在您的环境中布置一些艺术品；您对绘画的兴趣超过音乐。哪些画作最能打动您？

我没法点出具体的画作。我最感兴趣的是古典现代派。我收藏了一些版画作品。例如，我很喜欢乔治·格罗斯①的一幅素描。古典现代派，表现派，新现实派——这是我特别感兴趣的风格。

您自己有没有尝试着与画笔和画布打交道？

---

① George Grosz（1893 年 7 月 26 日~1959 年 7 月 6 日），具有德美双重国籍的画家、版画家、漫画家，属于新现代派画家，20 世纪 20 年代创作的一些以批评社会为题材的油画和素描曾经引起巨大的政治反响。——译注

没有。我不会画画,甚至不会素描。遗憾的是,我也不会跳舞,因为我没有跟随音乐起步的节奏感。我也不会唱歌,歌声恐怖,老跑调。或许这与我在国民小学受到的歧视有关,当时不会唱歌的学生总是被安排在角落里。老师总是说:"施罗德,到角落去,你跑调。"这是我家庭出身带来的缺陷。我们家从来不唱歌,不画画,不读书。我从来没有受过这种教育。艺术和文化的细胞,我还得慢慢培养起来。

您的交往圈子里有一些画家,您曾经在约尔格·伊门多夫①的追悼会上致辞。

伊门多夫是我以总理身份访问外国时所带的第一批艺术家之一,是去格鲁吉亚访问。我想对国外展示,德国不仅有政治家和企业家代表,也有作家和艺术家。那是 2000 年春天。我们当时说定,他在我卸任总理之后为联邦总理府的 Ahnengalerie 画廊画一张我的肖像。我常常去他的工作室和他见面。后来伊门多夫病得很重,但他还是履约为我画了一张很有意思的肖像。马尔库斯·吕佩茨②也为我画过肖像,作为我 60 岁的生日礼物。

---

① Jörg Immendorff(1945 年 6 月 14 日~2007 年 5 月 28 日),德国著名画家、版画家、雕塑家、行为艺术家,既擅长油画也擅长版画,是德国新表现主义的代表画家,20 世纪 80 年代起成为德国最著名的现代派艺术家。——译注

② Markus Lüpertz(1941 年 4 月 25 日~),德国画家、版画家、雕塑家,现代德国最著名的艺术家之一,许多画作被划为新印象派。——译注

您还像以前那样同他一起打斯卡特牌吗?

是的。奥托·席利,马尔库斯·吕佩茨,于尔根·格罗斯曼和我,我们每年玩两三次。

您对那些小品文作家怎么看? 他们今天还辱骂您是高雅艺术的藐视者呢!

我这一生始终被辱骂缠身。撇开这一点不说,这种偏见即便不断重复也成不了真。每当我想起自己所做的一切,内心常常感到很纠结——例如,我在联邦总理府内设了一个文化国务部长的职位,联邦文化基金会的设立也与总理府密不可分。毫不夸张地说,总理府已经成为一个名声远远超出首都乃至全国的现代艺术展览地;我成功地把贝格吕恩的收藏品留在了柏林——这是最典型德国风格的古典现代派艺术收藏之一。对此,我到现在还很高兴。此外,我同无数作家、出版家、画家、音乐家、科学家或记者谈过话,但是我从来不去到处宣扬。那不是我的风格。

此外还有人挑剔说,您作为总理只参加过一次拜罗伊特瓦格纳戏剧节,而且还是陪同回访的日本首相。

这是事实。拜罗伊特的戏剧并非我的最爱。不是因为剧院的板凳太硬,而是因为我至今还是对瓦格纳的音乐一窍不通。难道是义务?难道只有去拜罗伊特的圣山朝圣的人,只有谈论过他对高雅艺术的理解的人,才算是懂得高雅艺术?

此时此刻,当您卸下公务之后回首往事,是不是觉得自己当初不够清醒、不够坚决地拥有妥协精神,本应更加冷静一些?

当年不得不经常妥协,这一点对我的情绪影响不大。妥协是政治交易的一部分。但是,有一个问题常常困扰我,那就是这件事或那件事是不是原本可以处理得更好一些?是不是应该更加主动地进行沟通,尤其是与己方阵营的当事人,也就是社民党和工会。然而,当时几乎不可能深思熟虑,因为事关 2010 议事日程的经济问题堆积如山,必须迅速处理。加之外交政策的压力特别大,尤其是因为日渐升级的伊拉克冲突。这些难题的确把我忙得日夜连轴转。

为什么您与己方阵营的沟通不畅?

一个政治家的主要交往对象是媒体。媒体关注的是他在干什么,或者他没有干什么,始终带着批评性的眼光。媒体就是靠挑剔生存。以议事日程为例,媒体起初主要报道哪些是真正的缺项或所谓的缺项,哪些领域我们做得太少或做得太多。只有己方阵营的人同进同退、而不是充当公众批评的传声筒，内部政治沟通才会有效。但是，左翼的各个政党——德国社会民主党人如今也属于此列——则总是感觉到，他们想改变世界的诉求从来没有得到满足。所以导致这种现状。

您把社会民主党人的崇高理想说得有些可笑。

完全不是。我就是为了这个世界观而加入社民党的。我只是说：这种行为成为职业政治家的障碍。须知，如果像议事日程这样的改革从一起步就不能获得己方阵营的赞同，就不可能通过一次讨论即得到从下至上的贯彻与实施。否则就会讨论个没完没了，甚至改到面目全非。关键性的困难在于：作为当事政治家，您如何才能得到足够多的支持票，但是又不能太多，以免危及你的方案？

德国人由于生活富足，所以每当触及福利国家的改革时就会特别地不顺从？

尽管我们还有很多不足之处，但是我们当然是一个富足的社会。因此，公民有权利要求国家保障其抵御生存危机，例如在生病时不要没人关怀，要求打击贫困、清除社会不公平现象乃至消除区别，政策的艺术点在于应对那些高度的，有时过高的期待，在可行性与愿望值或具体希望之间反复斟酌。无法总是皆大欢喜，需要勇气，因为代价可能会很高，极端情况下可能失去权力。我时刻意识到这一点。我们改革政策的真正成就在于，我们提升了勇气，展示了德国具有的改革能力。

您执政期间容易一些？当时还没有"愤青公民"。

只是当时这个词汇还没有发明出来，实际上"愤青公民"早就有了。当年反对2010议事日程的抗议活动可不能小觑，我受到过人身袭击。对一个政治家来说，决定性的问题是：我是不是应该屈从于示威者——尽管我认为自己的方案是合理的、必要的？还是应该遵从自己的信念，甘冒无法再次当选的风险？这是政治领导的核心。国家优先，政党其次！

您如何看待由"愤青公民"现象引导的要求公民更多直接参政的呼声？

我想，现在确实是在联邦层面推动更多直接民主的时候了。不过必须好好地考虑后果。在事关大型基础设施项目时，公民投票或许是有意义的。然而在事关某些敏感问题，例如难民问题或外国人政策问题时，还是代议制民主更好一些。

直接民主的楷模瑞士，甚至连税率问题也要通过全民公投来决定。

瑞士拥有不一样的传统、不一样的国家架构、不一样的政治文化。我对瑞士民主高度尊重。但是，我要对己方阵营中赞成直接民主的那些人指出，那里的全民公决带来的不仅是进步，也有社会保守效应，甚至有时会导致倒退结果。

海盗党提出的一个要求很受欢迎，亦即要求更多的透明度，似乎将此作为治疗一切弊端的万灵药。

这里有一个误解：国家行为可以透明，但是私人行为呢？一个政治家的私人生活如何安排，不关别人的事。我也反对物资财产的绝对透明。

您执政时的内政部部长奥托·席利也曾长期反对议员公开额外收入的义务。

他的理由非常值得尊重。作为律师，他有义务要求其委托人保持沉默。

公民有权了解他们的议员——在规定的饮食标准以外——还有哪些供养者，这是要求公开义务的论据。

一个中产阶级是不愿意公布其销售额或收入的，一个律师也不愿意。难道真的要让从事这些职业的代表远离议会？我不同意。

您认为自己在德国政治中扮演的是什么角色？"政界元老""民族的良心"？

这样的角色是无法自己争取的。此类头衔或者自己找到你的头上，或者不会来。作为一个前政治家，在您谋求全世界人民心心相印之前，首先必须与这个职位保持一定的时间距离。这个距离必须足够大，直到几乎没有人记得你究竟什么时候担任过总理。至于究竟能否达到这一角色所需要的智慧程度，连我自己也不知道。我同意教皇约翰内斯二十三世的那句话："人呐，不要把自己看得太重要。"

您对年龄有什么想法吗？

没有。不是我有意识或无意识地排斥这种想法，而是因为我的职业和私人生活十分充实。

以前您时不时会刻意显示自己不适合当家庭煮夫。

我不会把自己描述为家庭煮夫。我现在重新从事律师工作，并且尝试着把职业和家庭结合在一起。看上去多少还是成功的。当然，有时不得不做一点妥协，例如谢绝一个很有意思的职业。不过，我与本国大多数人的生活状态差不多。

如今对政治构成影响的总是那些琐碎的倒脚传球，没有伟大的幻想，没有伟大的小说。

也不可能有伟大的小说。因为这个世界简直太复杂了。除非你的幻想中包罗大千世界，但是我不会劝你这样做。幻想的前景是什么？共产主义的试验已经证明了。凡是有所作为的时候，都需要付出代价，代价太高——而且时时处处都会失败。所以我选择的是一个中庸之道，是第二次世界大战之后各届联邦政府所遵从的那个层次。西方国家的世界观、政治、经济或军事的一体化，以及后来与我们的东部邻国的和解与沟通——所有这一切可以称之为小说。伟大的、幻觉般的小说。谁能想到，在20世纪前半页造成如此悲剧的德国，能够以波恩共和国及统一后德国的身份，如此迅速地成为重新获得全世界尊敬的伙伴？这种对外开放的做法，相当于内心开放。当然，这种开放经历过漫长的道路，有过艰辛旅程——有鉴于此，可以称之为伟大的小说。社会的开放、解放和现代化，应对全球化世界的新挑战——我曾作为总理做过努力的这一切，都属于这部小说，是这一段成功历史的一部分。

是否还留存有您个人的小说？一个年轻人从最底层攀登至总理府的成长史？

我已经在我的回忆录中叙述了我的故事。这是我个人对时事的独特看法。至于客观评述我的一生，留待那些专门描述人生道路的专业人士来做。虽然并非想抢在历史学家之前发声，但是我必须强调一下：如果不是这个社会给了我机会，我迄今的生活道路是不可思议的。此刻我充满感恩之情，同时也有几分担忧，因为与我有着类似社会背景的人，如今几乎已经不可能获得我当年的成长机会了。我很早就学会了一个道理：工人运动的那句老话"知识就是力量"，无异于是一个要求，即一定要掌握知识。如果不是遇到战后的特殊环境，我很难拥有今天的一切。在经历了一系列战争之后，社会一度开拓了非同寻常的林间小道，使得那些从来没有机会拥有知识和接近权力的人，获得了接受教育的机会。这一时代显然已经过去了。我不相信今天的年轻人还能获得我当年得以成长的同样机遇。对此我感到遗憾。

图书在版编目（CIP）数据

坦言：与格奥尔格·梅克谈勇气、权力和未来 /
（德）格哈德·施罗德著；王建政译. -- 北京：社会科
学文献出版社，2017.10（2017.10 重印）
（中国国际战略学会译丛）
ISBN 978 - 7 - 5201 - 1288 - 8

Ⅰ.①坦… Ⅱ.①格… ②王… Ⅲ.①施罗德（
Schroder, Gerhard 1944 - ）- 访问记 Ⅳ.①K835.167 = 6

中国版本图书馆 CIP 数据核字（2017）第 202279 号

·中国国际战略学会译丛·

坦　言

—— 与格奥尔格·梅克谈勇气、权力和未来

著　　者 / 〔德〕格哈德·施罗德
译　　者 / 王建政

出 版 人 / 谢寿光
项目统筹 / 祝得彬
责任编辑 / 刘学谦

出　　版 / 社会科学文献出版社·当代世界出版分社（010）59367004
　　　　　　地址：北京市北三环中路甲 29 号院华龙大厦　邮编：100029
　　　　　　网址：www. ssap. com. cn
发　　行 / 市场营销中心（010）59367081　59367018
印　　装 / 北京季蜂印刷有限公司

规　　格 / 开　本：787mm × 1092mm　1/16
　　　　　　印　张：14.25　字　数：142 千字
版　　次 / 2017 年 10 月第 1 版　2017 年 10 月第 2 次印刷
书　　号 / ISBN 978 - 7 - 5201 - 1288 - 8
著作权合同
登 记 号 / 图字 01 - 2017 - 5427 号
定　　价 / 68.00 元

本书如有印装质量问题，请与读者服务中心（010 - 59367028）联系

▲ 版权所有 翻印必究